Alberto Girani

Führer durch die
CINQUE TERRE

D1666801

SAGEP VERLAG

Der Autor dankt für freundliche Unterstützung und Mitarbeit: Prof. Eugenio Andri und Dr. Mauro Mariotti (Mineralogie und Botanik), Dr. Franco Rossi (Paläontologischer Teil), Lorella Castagnini (architektonische Zeichnungen), Cristina Galletti (Mitautorin des Glossars), Dr. Paola Repetto (Stadtpläne), Adriana Gazzola (Endredaktion).

Kartographische Unterlagen der Region Ligurien: Karte der Region Ligurien 1: 25.000, Tafeln Nr. 247-1, 248-2, 248-3, 248-4. Genehmigung vom 20/9/1988, Nr. 16/88.

Titelbild: Region Ligurien, Foto Nr. 692-V.A., Serie 2, 1973. Genehmigung S.M.A. Nr. 352 vom 7/9/1976.

Fotos: Alberto Girani; Archiv Sagep: 20, 22, 24, 35, 36, 61, 62, 72, 73, 74, 75, 76, 83, 84, 86, 94, 112; Luciano Cortesogno: 16, 17; Adriana Gazzola: 45, 55, 103; LIPU: 91; Enrico Martini: 21, 23; Giacomo Montano: 90; Giovanni Salamanna: 93.

Orographische Darstellungen stammen aus: *Le Cinque Terre e la Costa dal Tino a Moneglia* von G. Guidano und L. Mazzilli, Verlag Sagep.

Übersetzung von Birgit Gasperschitz Zambardi.

Führer für Tourismus und Kunst
Nr. 74, 30. März 1991
Verantwortlicher Direktor: Eugenio De Andreis
Gerichtliche Eintragung vom 27/5/1980, Nr. 22/80

Dieser Führer enthält nach einem einführenden Kapitel ausführliche Beschreibungen zahlreicher Wanderwege in einem beliebten und bekannten Gebiet der ligurischen Küste.

Unser Anliegen ist es, außer dem landschaftlichen Reiz auch naturwissenschaftliche und kunsthistorische Aspekte hervorzuheben. Die Faszination der Cinque Terre beschränkt sich nämlich nicht nur auf die einzigartige Schönheit der Landschaft, sondern beruht für einen nicht oberflächlichen Betrachter auch auf der Möglichkeit, ein noch intaktes Ambiente kennenzulernen, das im Laufe der Jahrhunderte vom Menschen geprägt und geformt worden ist.

Geographische Gliederung des Territoriums

Die Cinque Terre erstrecken sich im äußersten Osten Liguriens zwischen dem Meer und dem Gebirgskamm, der von der Halbinsel Punta Mesco anfänglich zum Monte Crocettola aufsteigt und in der Folge mehr oder weniger parallel zur Küste bis zum Kap Montenegro (oder Montenero) verläuft. Diese Wasserscheide trennt − nordöstlich vom Monte Nicolao ausgehend − den gesamten Küstenstreifen vom Becken des Vara-Tals und läßt sich weiter bis zur Punta Persico verfolgen. Meerwärts schließt sie in diesem Teil das Gebiet Tramonti ein. Östlich davon nimmt eine Steilküste ihren Anfang, die von den Bergen Castellana und Muzzerone in südwestlicher Richtung zum Meer abfällt und mit den Inseln Palmaria, Tino und Tinetto ein ideales Zusammenspiel von Fest − und Inselland darstellt.

Der geringe Abstand zwischen Wasserscheide und Küste, der in keinem Punkt vier Kilometer beträgt, und relativ hohe Erhebungen (s. Abb. 1) charakterisieren ein nach Osten immer steiler abfallendes Relief. Tief eingeschnittene Gebirgsbäche haben die schmalen Strände, die die gesamte Küste säumen, entstehen lassen. Die Flußbetten sind in den Sommermonaten im allgemeinen trocken, können aber nach heftigen Regenfällen jäh und unerwartet Hochwasser führen.

Die zerklüftete Steilküste zieht sich mehr oder weniger gradlinig über eine Länge von ungefähr 40 Kilometern. Das Meer konnte dieses − geologisch gesehen − junge Gestein noch kaum modellieren oder einschneiden; deshalb bricht die Küste mit senkrechten Felswänden meerwärts ab. Dort, wo das Meer im Spiel der Strömungen Grotten eingeschnitten hat, wird die Übereinanderschichtung der Gesteine deutlich. Hie und da hat die Flut auch kleine Strände aus Kieseln, Sand und abge-sacktem Erdreich angehäuft. An den Mündungen der tiefsten Täler liegen die Cinque Terre, d.h. die fünf Dörfer, Zentren dieses Küstenstreifens. Von NW nach SO ziehen sich diese fünf Länder hin: in der Reihenfolge Monterosso al Mare, Vernazza, das hafenlose, auf einem Felsvorsprung gelegene Corniglia, Manorala und Riomaggiore.

Die Hand des Menschen hat auch hier in einem geologisch ziemlich homogenen Gebiet einiges verändert. Im äußersten Osten verdienen die Steinbrüche diesbezüglich ein eigenes Augenmerk.

Nach der letzten Volkszählung verzeichnen die Cinque Terre 5.331 Einwohner, denen die 1.246 Bürger (Stand von 1975) von Portovenere zugerechnet werden müssen, zuzüglich der wenigen Bewohner des Gebiets Tramonti und der Steinbrüche (Castellana und Muzzerone), die geographisch und verwaltungsmäßig bereits zu La Spezia und Portovenere gehören. Das Territorium umfaßt ca. 36 km², die verwaltungsmäßig außer zu den genannten Gemeinden zu Riomaggiore, Vernazza und Monterosso gerechnet werden: teilweise gehen die Grenzen der Verwaltungsbezirke jedoch auch in Richtung Norden über das eigentliche Gebiet der Cinque Terre hinaus. Die Bevölkerungsdichte beträgt 183 Einwohner pro Quadratkilometer, eine relativ hohe Rate, die jedoch unter der Liguriens liegt. Die Bevölkerung lebt außer in den 5 «Ländern» in einigen auf den Hügeln verstreuten Ortschaften: Volastra, Groppo, San Bernardino, Vernazzola, Drignana und Campiglia. Keiner dieser Orte liegt höher als 450 Meter über dem Meer.

Vereinzelte bewohnte Höfe sind selten geworden. Ihre Bewirtschaftung wurde in den meisten Fällen aufgegeben. Manch ein Haus wurde zum Ferienhaus umstrukturiert und die landwirtschaftliche Betä-

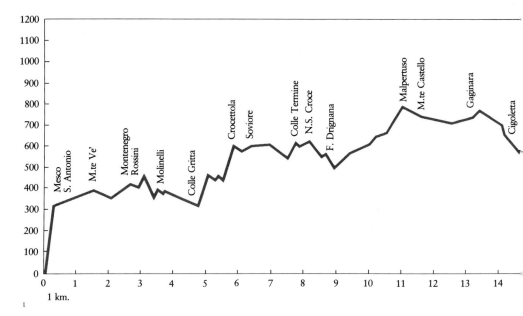

1 km.

tigung ist heute nur mehr ein Hobby oder eine Teilzeitbeschäftigung und stellt kaum mehr die Haupteinnahmequelle dar.

Dieses Gebiet ist geologisch fortwährenden Veränderungen unterworfen. In kurzen Zeitabständen sacken die Terrassenkulturen hektarweise ab, und nur in wenigen steilen Gebieten gelingt es der Hand des Menschen, diesem Prozeß Einhalt zu gebieten. Manchmal bringt die spontane Vegetation letzte Rettung, die aber nur zu oft von Waldbränden – auch aufgrund vorsätzlicher Brandstiftung – heimgesucht wird.

Die neuesten Verkehrswege verunstalten nicht selten das Landschaftsbild. Mittels kleiner Zahnradbahnen wurde der Zugang zu den Weinbergen oder – in geringerem Maße – auch zu Olivenkulturen ermöglicht. Hie und da wird man an die Normen des «Systems XV» erinnert, fälschlich «Naturpark der Cinque Terre» genannt, die bis heute ein Zeugnis der zumindest auf dem Papier vielverkündeten Bestrebungen der Verwaltung darstellen, wenigstens einen Teil dieses unschätzbaren Bestands an bäuerlicher Kultur zu erhalten, das Erbgut jener Generationen, die jahrhundertelang im Einklang mit ihrer Umwelt gelebt haben.

Das Klima

Es bestehen keine wissenschaftlichen Daten über die klimatischen Verhältnisse, da in diesem Gebiet keine meteorologischen Stationen eingerichtet sind.

Die geographische Lage, die Morphologie, die Daten angrenzender Gebiete (s. Tabelle) erlauben es uns jedoch anzunehmen, daß längs der Küste ein gemäßigtes, feuchtes, mediterranes Klima herrscht, während in höheren Lagen von submediterranem Klima gesprochen werden kann.

Die parallel zur Küste verlaufenden Gebirgsketten schützen den Streifen Land zwischen Meer und Apennin vor dem kalten Nordwind und tragen dazu bei, daß sich die vom Meer kommenden Süd - und Westwinde an den Südhängen stauen und sich in ihrer Aufwärtsbewegung in höheren Lagen abkühlen. So kondensiert sich die feuchte Luft bei bestimmten Witterungsverhältnissen zu einem regelrechten Nebel an der Küste, wo sie dann – im Gegensatz zur trockenen Westküste – häufige Regenfälle verursacht. Die Jahrestemperatur übersteigt an der Küste im Durchschnitt 15 Grad Celsius mit durchschnittlich 5 Tagen um die O Grad - Grenze und gewöhnlich einer zweimonatigen Trockenperiode.

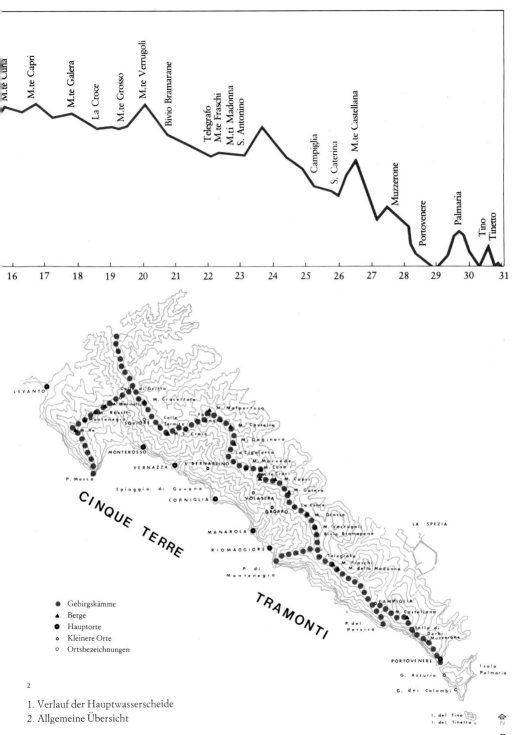

1. Verlauf der Hauptwasserscheide
2. Allgemeine Übersicht

7

3

4

3. Blick auf die Klippen an der Westküste
4. Südliche Steilküste der Inseln

8

5

5. Riomaggiore und die Küste der Cinque Terre

6

6. Blick auf die Weinberge. Im Hintergrund Corniglia und das Kap Mesco

Monatliche und jährliche Niederschläge (mm)													
	Jahre	Jan.	Feb.	März	April	Mai	Juni	Juli	Aug.	Sept.	Okt.	Nov.	Dez.	Gesamt
LEVANTO	67-73	126.4	121.8	84.0	55.8	79.8	61.7	21.7	40.0	103.8	98.0	118.5	75.3	9688
LA SPEZIA	51-72	120.7	125.8	103.9	94.2	67.1	48.1	33.0	50.4	98.6	153.7	180.9	167.7	1244.1

Monatliche und jährliche Durchschnittstemperaturen (Celsius)															Sommerliche Trockenperiode	
	Jahre	Jan.	Feb.	März	April	Mai	Juni	Juli	Aug.	Sept.	Okt.	Nov.	Dez.	jährlich	P<2T	P<30mm
LEVANTO	67-73	8.5	9.3	10.5	13.5	16.5	19.3	23.3	23.2	20.2	17.0	13.0	8.9	15.3	Juli-Aug.	Juli
LA SPEZIA	51-72	7.4	8.5	10.5	14.1	17.8	21.4	24.1	24.6	20.1	16.5	11.9	8.7	15.5	Aug	—

7

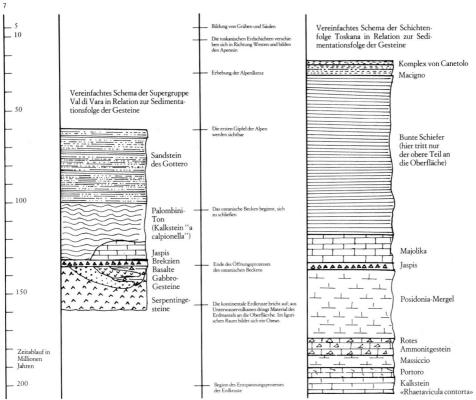

8

7. Klimatische Daten

8. Geologisches Schema des Gebiets

Die Morphologie des Gebiets ist der Grund für große Unterschiede, die das Klima der Küste und des gebirgigen Hinterlands kennzeichnen: an den Bergkämmen kühlen die feuchtwarmen Luftmassen aus dem Süden ab, sobald sie auf kältere Temperaturen in höheren Lagen stoßen. Die dadurch entstehenden Phänomene der Kondensierung bewirken dann Bewölkung und Regenfälle sowie eine andauernde hohe Luftfeuchtigkeit, die umso erstaunlicher ist, wenn man bedenkt, daß es auf der benachbarten Insel Palmaria durchschnittlich nur 8,2 Tage pro Jahr sind, an denen die Luftfeuchtigkeit 95% übersteigt. Beweise für dieses Mikroklima sind die ganz besondere Vegetation

11

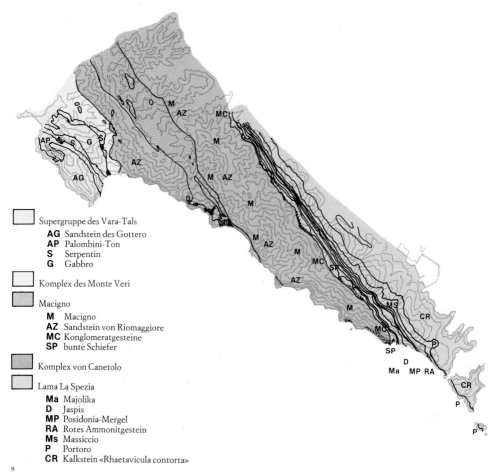

Supergruppe des Vara-Tals
- **AG** Sandstein des Gottero
- **AP** Palombini-Ton
- **S** Serpentin
- **G** Gabbro

Komplex des Monte Veri

Macigno
- **M** Macigno
- **AZ** Sandstein von Riomaggiore
- **MC** Konglomeratgesteine
- **SP** bunte Schiefer

Komplex von Canetolo

Lama La Spezia
- **Ma** Majolika
- **D** Jaspis
- **MP** Posidonia-Mergel
- **RA** Rotes Ammonitgestein
- **Ms** Massiccio
- **P** Portoro
- **CR** Kalkstein «Rhaetavicula contorta»

9

9. Geologische Übersicht

des Gebirgskamms mit Pflanzen wie dem Stechginster, der das ozeanische Klima bevorzugt.

Die Luftfeuchtigkeit versorgt auch die Erde mit einer gewissen Wassermenge, der es zu verdanken ist, daß die Quellen in höheren Lagen auch im Sommer nicht versiegen, wenn Niederschlag so gut wie ausgeschlossen ist.

Das gesamte Gebiet ist nach SO ausgerichtet, und die Einwirkung von Wind und Sonneneinstrahlung ist bei gleicher Höhenlage ziemlich homogen. Trotzdem haben sich in einigen schluchtartigen Taleinschnitten Mikroklimas herausgebildet, schattige,

erfrischende Talböden, die in krassem Gegensatz zum nackten, sonnenverbrannten Fels stehen.

Besonders im Winter erreichen die Nordwinde die breiteren, weniger geschützten Täler (z.B. das Tal von Monterosso), wodurch erhebliche Temperaturschwankungen ausgelöst werden.

Scheefall ist äußerst selten auch auf den Bergen, wo er sich höchstens einige Tage hält. An der Küste wird er zum außergewöhnlichen Ereignis, das – auf Fotos verewigt – den Bewohnern noch lange Zeit in Erinnerung bleibt.

10

10. An den südwestlichen Vorgebirgen tritt die Formation «Lama di La Spezia» zutage

Geologie und Geomorphologie

Die Toponomastik des Gebiets – Namen wie Montenegro, Monte Rossini, Monterosso, Costa Rossa, Costa di Montenero, Punta Bianca – widerspiegelt den Reichtum an Farben, der diese Gegend charakterisiert.

Dieser wiederum ist ein Beweis für die Vielschichtigkeit und geologische Differenzierung eines Territoriums, in dem Gesteine verschiedener Zeitalter und verschiedenen Ursprungs neben – und übereinander geschichtet erscheinen. Formationen ligurischer und toskanischer Prägung koexistieren in diesem Raum, wobei letztere eindeutig überwiegen.

Die für dieses Gebiet relevanten Gesteine lassen sich vier Gruppen zuordnen: 1) Gruppe des Vara-Tals; 2) Komplex des Monte Veri; 3) Komplex von Canetolo; 4) Schichtenfolge Toskana.

Sie sind geometrisch von oben nach unten in derselben Reihenfolge angeordnet, wie sie hier aufgeführt werden.

Sie sind von NW nach SO ausgerichtet. Nachstehend folgt eine kurze Beschreibung.

13

Gruppe des Vara-Tals

Unter diesem Namen versteht man eine Reihe von Formationen (die einzigen, die als «ligurisch» definiert werden können) aus dem oberen Jura-Zeitalter (Alter 150 Mill. Jahre) und vom Beginn des Paläozäns (Alter 65 Mill. Jahre), wie aus den folgenden geologischen Unterteilungen ersichtlich ist.

Sandstein des Gottero. Diese Formation geht auf Trübungsströmungen zurück in einer Zeit, die zwischen 60 und 100 Millionen Jahren zurückliegt. Die Formation besteht aus grobkörnigem Sandstein und verschiedenen Konglomeraten und weist über einen Meter breite, hellbraune, besonders harte Felsschichten auf (der frischgehauene Stein zeigt eine graue Oberfläche), die von pelitischen Zwischenschichten unterbrochen werden.

«Palombini»-Ton. Diese Formation entstand vor ca. 100 Mill. Jahren und besteht aus der Aufeinanderfolge von grauem Kalktonschiefer und Kalksandstein.

Jaspis des Monte Alpe. Dieses Gestein ist ca. 140 Mill. Jahre alt und besteht aus roten, dunkelgrauen, grünen, weißen (wenn verfärbt) Jaspisschichten, die von zahlreichen Quarzadern durchzogen sind.

Gabbro. Intrusivgestein aus hellem Plagioklas mit grünen Diallagkristallen.

Serpetin. Metamorphisches, großblöckiges Gestein, in der Farbenskala von hellgrün bis bläulich. Die glatten, glänzenden Flächen mit Chrysotiladern sind schieferähnlich und mit Steatit überzogen. Das Alter beträgt (gleich den Gabbro – und Grünsteinadern im Serpetin) an die 150 Mill. Jahre.
Er entstand infolge der Erstarrung des Erdmantels, erfuhr aber im Gegensatz zu den obengenannten Gesteinen Veränderungen durch eher bescheidene Temperatur – und Druckeinflüsse.

Komplex des Monte Veri.

Der Komplex des Monte Veri ist sehr unterschiedlich gestaltet, in diesem Gebiet besteht er aus dunkelgrauem Ton und Palombini-Kalk (dem vorher erwähnten Palombini-Ton sehr ähnlich) sowie aus grauem dünnblättrigem Ton; feiner Sandstein und Tonschiefer bilden Zwischenschichten. Dieses Gestein geht auf die jüngere Kreideformation zurück (vor 135 – 100 Mill. Jahren) und wurde mit der Zeit Verschiebungen und Faltungen unterzogen.

Komplex von Canetolo

Dieser Komplex besteht aus einer Flyschformation, die sich in wiederholten Erztrüben nach zahlreichen tektonischen Bewegungen auf dem Meeresgrund ablagerte. Er besteht aus Tongestein und abwechselnd aus Kalkstein, Kalkmergel, Nagelfluh, Sandstein und Tonschiefer; Kalkmergel, Mergel und feinkörniger Kalkstein werden von dünnen pelitischen Schichten unterbrochen.

Schichtenfolge Toskana

Sie ist in diesem Gebiet durch die Serie «La Spezia» vertreten, bestehend aus dem «Macigno», den oberen bunten Schieferschichten und aus den Formationen, die unter dem Namen «Lama (Schneide) di La Spezia» zusammengefaßt sind.

«Macigno»

So heißt die typischste Formation der Cinque Terre. Sie besteht aus Sandstein mittelgrober Körnung mit grau-blauer, manchmal gelblich verfärbter Schnittfläche in relativ mächtigen Schichten, die mit verschieden hohen Lagen von dunkelgrauem Tonschiefer und blättrigem, schwärzlichem Tongestein abwechseln. Weitere Bestandteile sind grober Sandstein und feine Konglomerate, Mergel und Tonschiefer sowie Sand – und Nagelfluhgesteine.

Diese Formation zeigt verschiedene Aspekte. In den unteren Schichten befinden sich bunte Schiefer und Konglomerate aus Magmagestein, daran schließt die Sandsteinzone von Riomaggiore, die besonders an der sogenannten «Via dell'Amore» zwischen Riomaggiore und Manarola und an der Steilküste zwischen Corniglia und Monterosso mit grauen Sandstein – und schwarzgrauen Pelitfaltungen an die Oberfläche tritt. Die Formation endet mit dem oben beschriebenen Macigno.

Dieser verdankt seine geologische Zusammensetzung den Trübungsströmungen, d.h. ca. 11.000 aufeinanderfolgenden Ablagerungen, deren letzte von ungefähr 26 Millionen Jahren einsetzte.

Bunte Schiefer. Die oberen Schichten dürften 30 Mill. Jahre alt sein. Die Formation besteht aus Kalktonschiefer, grauem bis dunkelgrauem Mergel, die mit dünnen Sandstein – Kalk – und Tonschichten abwechseln.

Lama (Schneide) di La Spezia

Wie in den «Macigno» eingekeilt erscheint die Schneide von La Spezia an beiden Seiten des gleichnamigen Golfs in Form von schmalen, parallel zum bunten Schiefer verlaufenden Streifen. Ihr geologischer Aufbau ist wie folgt:

Majolika. Jüngste Formation; sie befindet sich neben den polychromen Schiefern und erscheint an der Küste in Verbindung mit Jaspis, Posidonia – Mergel und rotem Ammonitgestein bei Casa Boccardi. Überlagerungen und Ineinandergreifen verschiedener Formationen bilden einen äusserst reizvollen Kontrast. In nordwestlicher Richtung, dem Ort Campiglia zu, erreicht sie eine Maximalhöhe von 40 Metern. Sie besteht aus weißem Kalkstein mit mikrokristalliner Struktur, der sich am Meeresgrund in verhältnismäßig großer Tiefe vor 135 – 120 Millionen Jahren gebildet hat.

Jaspis. Im Gebiet Terre Rosse finden wir neben der soeben erwähnten Formation auch den Jaspis, der – wie der ligurische – aus dünnen Schichten von feinsten Silizium-Sedimenten besteht und reich an Muschelschalen von Strahlentierchen ist. Neben Jaspis ist hier auch Phtanit vertreten, ein Gestein, das sich von den vorher genannten durch einen gewissen Kalkgehalt differenziert. Sie lagerten sich vor über 135 Mill. Jahren in ziemlich großer Tiefe auf dem Meeresgrund ab.

Posidonia-Mergel. Diese insgesamt 50 Meter breiten Schichten von rotgelblicher Farbe (deshalb wurden sie von den ersten Geologen «Löwenschiefer» genannt) begannen ihre Sedimentation vor ca. 170 Mill. Jahren im Jurazeitalter, in einem immer tiefer werdenden Meer. Sie bestehen aus Mergel und enthalten viele Fossilien, darunter die «Posidonia alpina», einen Lamellibranchiaten, von dem die gesamte Formation ihren Namen erhielt.

Rotes Ammonit – Gestein. Ebenfalls eine Formation aus dem Jurazeitalter, insgesamte Höhe von über 70m. Sie besteht abwechselnd aus Kalkstein und Mergel. Der hohe Gehalt an Eisenoxyd verleiht diesem Gestein die typisch rötliche Färbung. In den oberen, grauen Schichten stößt man auf Kieselknollen (mikrokristalliner Quarz), während im Inneren und besonders im unteren Teil der Formation häufig Makrofossilien anzutreffen sind; darunter ist der Ammonit von besonderer Bedeutung. Diese Formation lagerte sich im offenen, relativ seichten Meer ab.

«Massiccio». Diese Formation von ca. 200m weist Ähnlichkeit mit der vorhergehenden auf. Ihr Alter beträgt an die 190 Mill. Jahre. Sie erscheint in schmalen Schichten parallel zu den obengenannten Formationen und besteht aus Kalkstein mit mikrokristalliner Struktur, Mergel und mergeligem Kalkstein, die sich im Meer abgesetzt haben.

Portoro. Der Name dieses außergewöhnlich geschätzten, marmorartigen Ziersteins ist auch die Bezeichnung für die gesamte Formation. Er enthält dünne Schichten von dunklem Kalkstein, der durch hie und da an Fossilien reichem Mergel unterbrochen wird. Neben den schon erwähnten Formationen ist der Portoro auch an den südwestlichen Hängen des Muzzerone und auf den Inseln anzutreffen. Die obersten Schichten zeigen das Phänomen der sogenannten Dolomitisierung (im Kalziumkarbonat tritt Magnesium anstelle des Kalziums), was zu einer Gesteinsbildung mit zuckerähnlicher Körnung, dem sogenannten «Tarso» führt, der als Zierstein Verwendung findet.

Der eigentliche Portoro ist ein Kalkstein mit mikrokristalliner Struktur; seine schwarze Farbe verdankt er organischen Substanzen, die er in reichem Maße enthält. Zahlreiche weiße, goldgelbe und rosarote Äderchen, die ihn durchziehen, gehen auf eine partielle Dolomitisierung zurück,

11

12

11. Typischer Sandsteinblock der Formation Macigno
12. Sandsteinschichten von Riomaggiore in der Nähe der Punta Merlino

16

13. Portovenere. Unter dem Castello (17.Jh.) öffnet sich die Grotte Arpaia; das Gestein ist reich an Fossilien

ein Prozeß, der die organischen Substanzen mittels Oxydation zerstört. Schon die Römer kannten dieses Gestein und verwendeten es als Bau − und Zierstein. Im 16.Jh. fand eine Wiederaufwertung statt, als der Bildhauer Domenico Casella vom Senat Genuas die Genehmigung erhielt, diesen Stein zu nutzen. So wurde hier ab diesem Zeitpunkt dieser Stein abgebaut und zwar in einem Ausmaß, daß die Gewinnung heute als erschöpft angesehen werden muß. Von den im Jahr 1862 aufgeführten 30 Steinbrüchen sind heute nur mehr wenige, darunter der von Muzzerone, noch teilweise in Betrieb.

Die Formation des Portoro geht auf das Ende der Trias (vor ca. 195 Mill. Jahren) zurück und entstand auf dem Meeresgrund in einem ruhigen, sauerstoffarmen Ambiente.

Kalkstein «Rhaetavicula contorta». Obwohl die toskanische Schichtenfolge an ihrer Basis noch andere Formationen aufweist, ist der Kalkstein «Rhaetavicula contorta» die letzte Gesteinsbildung, die im Vorgebirge von Portovenere und auf den Inseln an die Oberfläche tritt. Sie besteht aus dünnen, dunkelgrauen, weniger als einen Meter breiten Kalksteinschichten, die an der Basis grobkörnig, und in den höheren Schichten feiner sind. Die oberen Schichten weisen eine mikrokristalline Struktur auf.

Dieser Kalkstein, der mit Mergelschichten abwechselt, ist durch die zahlreich vertretenen Fossilien der *Rhaetavicula contorta* gekennzeichnet und auch nach ihr benannt. Dieses Gestein ist vorherrschend auf den Inseln und an der Küste oberhalb von Portovenere.

Diese Formation ist die älteste des ganzen Gebiets. Ihr Alter kann auf 200 Mill. Jahre geschätzt werden, und ihre Entstehung dürfte in einem ruhigen Becken während des Senkungsprozesses des Meerbodens im Einflußbereich der Wellen erfolgt sein.

17

14

14. Der Treppenaufgang zur Kirche San Pietro in Portovenere ist mit rotem Ammonitgestein gepflastert, in dem die Abdrücke zahlreicher Ammoniten zu sehen sind

Mineralien und Fossilien der Cinque Terre.

Ohne Genehmigung ist das Sammeln von Mineralien und Fossilien verboten. Im Gebiet des Mesco bei Monterosso findet man Chalkopyrit, Bornit und Malachit, während an der Küste Chrysotil und in der Nähe von Monterosso Quarz anzutreffen ist. Das Gabbrogestein des Mesco enthält Pyroxen (Diallag und Diopsid), Zeolithgesteine (Chabasith, Natrolith, Skolecit, Stilbit, Heulandit), während im Serpentin und Rodingit Chrysotil und Quarz enthalten sind, alles Minerale von außergewöhnlichem Interesse für die Sammler.

Was die Fossilien betrifft, ist das interessanteste Gebiet der Bereich der Inseln und die Grotte Arpaia in Portovenere. Hier stößt man auf den Kalkstein «Rhaetavicula contorta» und an einigen Stellen auf die «lumachella», einen Stein, der so reich an Muscheltieren und Brachiopoden ist, daß die Fossilien dicht aneinander gedrängt und sogar ineinander verschachtelt erscheinen.

Außer der *Rhaetavicula contorta* (einem kleinen Lamellibranchiaten mit beistrichförmig gebogener, tief gerillter Muschel), nach der die Formation benannt ist, beinhaltet dieses Gestein auch weitere Lamellibranchiaten wie die *Cardita austriaca* (ähnlich dem heute weitverbreiteten *acanthocardium*, das häufig auf dem Fischmarkt anzutreffen ist) und die *Pinna papyracea*.

Diese Formation enthält außerdem noch Koprolyth; im angrenzenden jüngeren Gestein sind keine gut erhaltenen Fossilien anzutreffen, außer auf der Insel Tino. Hier findet man Teile der *Gyroporella cylindrica*, einer schwarzen Alge, deren «Ringe» aus Kalziumkarbonat mühelos auszunehmen sind.

Im roten Ammonit- Gestein bei Campiglia (daraus besteht auch der Treppenaufgang zur Kirche San Pietro in Portovenere) findet man Ammoniten vom Typus *Arietites, Aegoceras* und *Phylloceras*; die kalkhaltigen Deckel, mit denen sich diese Tierchen in ihre Muscheln verschlossen (der wissenschaftliche Ausdruck dafür ist *Punctapctycus*), sind ebenfalls bei Campiglia an der «Costa Rossa» zu sehen.

Bezüglich der Fossilien verdient eine besondere Erwähnung die Brekzie Grotta dei Colombi auf der Insel Palmaria, bestehend aus Knochen des vorzeitlichen, wilden Auerochsen aus dem kontinentalen Europa, während die jüngeren Schichten aus der Eiszeit Knochenreste von Auerhuhn, Murmeltier, Gemsen und Ziegen aufweisen.

Pflanzen – und Tierwelt

Der Mensch hat dieses Gebiet entscheidend geprägt und das ursprüngliche Erscheinungsbild stark modifiziert, sei es durch Kulturen, sei es, indem er einigen Baumarten – der Strandkiefer und der Edelkastanie – gegenüber der bodenständigen, spontanen Vegetation den Vorzug gab. Die sehr häufigen und oft durch Brandlegung verursachten Waldbrände haben dazu beigetragen, das Territorium noch weiter in negativer Weise zu verändern.

Die Küste. Der bedeutendste Küstenstreifen, der Strand von Fegina, zeigt heute praktisch überhaupt keine Vegetation mehr; hie und da überleben nur noch einige spärliche, an den sandigen Boden gebundene Pflanzen wie die *Medicago littoralis* (verwandt mit der Saatluzerne) und der Meersenf.

Die übrigen Küstenstriche sind Felswände oder Steinstrände. Dort, wo der Einfluß des Meeres weniger direkt ist, gedeiht manchmal noch der Meerfenchel und die Meerkohlrübe. Auch die Kapern sind hier anzutreffen, sie wurden in früherer Zeit intensiv gezüchtet.

Unter der hier vertretenen Tierwelt sind besonders die Möwen erwähnenswert, vor allem die Silbermöwe (sie soll nach Meinung von Cremascoli hier nisten), die Lachmöwe, die Schwarzkopfmöwe und die Heringsmöwe (selten in diesen Breiten im westlichen Mittelmeer) sowie die Seeschwalbe.

Felsenflora bzw. – fauna.

Dieses spezifische Ambiente ist über das ganze Gebiet der Cinque Terre verbreitet,

15

15. Mediterrane Macchia auf dem Muzzerone

16-18. Turmfalke, rotrückiger Würger und die Silbermöwe, das repräsentativste Tier der Cinque Terre

19. Aleppokiefer auf den Felsen der Palmaria
20-22 Stechginster, Erdbeerbaum und Thymian

vor allem aber im Westen, wo sich auch viele heute aufgegebene Steinbrüche befinden. Typisch für die Vegetation ist das zweifarbige Kreuzkraut (selten im Norden), die Meerzinerarie, die seltene *Brassica robertiana* subsp. *oleracea*, eng verwandt mit dem Kohl, der wilde Olivenbaum, Raute, Strohblume, einige Nelkenarten, die *Centaurea Veneris*, die nur auf den Inseln Palmaria, Tino und um Portovenere wächst. Eine ebenso nur auf dieses Gebiet beschränkte Verbreitung hat die *Iberis umbellata* var *latifolia*, eine weitere,

nur in Ligurien endemische Blume. In Felsspalten leben die genugsame *Euphorbia arborea*, die Aleppokiefer und zahlreiche andere Macchiapflanzen. Unter den wenigen Tieren, die dieses Ambiente bevorzugen, sind erwähnenswert: die Eidechsen (darunter die Eidechse des Tinetto, die nur auf dieser kleinen Insel heimisch ist), der Alpensegler, der früher zahlreich an der Steilküste der Palmaria anzutreffen war, der Tumfalke, der seltene Wanderfalke, der Rabe, die Blaudrossel und der Mauersegler.

23. *Iberis umbellata*
24. Spornblume

Mediterrane Strauchgewächse. Diese Pflanzen sind ebenfalls im ganzen Gebiet verbreitet und variieren je nach der Zusammensetzung und Dichte der Pflanzendecke.

Die Halbsträucher sind niedrige Strauchgewächse mit holzigem Stamm wie der Rosmarin der Felswände des Tino und vor allem die «Garigue» (auf provenzalisch unbebautes Land), die aus Strohblumen, *Euphorbia spinosa*, Lavendel etc. besteht. An einigen Stellen, die früher von dieser Art von Pflanzen bedeckt waren, sind heute Wiesen, die den Bauern als Weideland dienten. Dort blühen im Frühling wunderschöne Orchideenarten (Schmetterlingsorchidee, *orchis romana*), *Ophrys, Serapias,* Narzissen, Asphodelus und andere Zwiebelpflanzen. Eine besondere «Wiesenfläche» bildet der *Ampelodesmos*, eine riesige Gräserart, die sich hier am nördlichsten Rand ihrer Verbreitung befindet.

Wenn die Strauchgewächse den Boden vollkommen bedecken und eine dichte, fast undurchdringliche Pflanzendecke bilden, spricht man von mediterraner Macchia. Auch hier kann man verschiedene Arten unterscheiden:

- Macchiagebüsch, bestehend aus Zistrosen (vor allem *cistus foemina*); diese ziemlich «arme» Pflanzendecke bildet den Übergang zwischen der «Garigue» und anderen Formen von Buschwald und ist besonders brandgefährdet. Andere Zistrosenarten (*Cistus marinus* und *villosus*) wachsen auf der Palmaria und in der Umgebung von Portovenere.

- Die Ginstermacchia entwickelt sich vorwiegend auf kalkhaltigem Boden; neben dem vorherrschenden Ginster findet man hier häufig die rote Spornblume, ein Farbenkontrast, der für Ligurien sehr typisch ist. Auf besonders trockenem und kargem Boden besteht die Vegetation aus Stechginster.

- Die *Erica arborea* gedeiht besonders auf kieselhaltigem Boden; diese Macchia entwickelt sich häufig nach Waldbränden zusammen mit Erdbeerbaum, Myrte und jungen Steineichen.

- Die «gemischte Macchia» besteht hauptsächlich aus Mastixbaum, Myrte, Terebinthe, Stechginster. *Erica arborea*, Erdbeerbaum, Steineiche, *Euphorbia arborea* (die in Küstennähe auf ehemaligen Terrassenkulturen oft eine eigene Macchia bildet), *Phillyrea* und rotem Wacholder. Diese Gewächse sind durch Kletterpflanzen wie Sarsaparille, Krapp, brennende Waldrebe, wilden Asparagus und Geißblattgewächse wie in ein undurchdringliches Dickicht verstrickt.

- Die aus jungen Steineichen bestehende Macchia bildet die Übergangsphase zum Steineichenwald, Idealzustand und Klimax der Flora dieses Gebiets.

25

25. Roter Wacholder im Unterholz eines Strandkieferwaldes

Unter den zahlreichen Insekten in diesem Raum sind erwähnenswert: Die Schmetterlingsart *Charaxes jasius*, die, weitverbreitet in Asien und Afrika, nur hier in Italien heimisch ist; ihre Raupe lebt auf dem Erdbeerbaum.
Die in Italien sehr seltene Hemiptera *Acrosternum millieri*.
Weitere Vertreter der reichhaltigen Fauna sind die Mauereidechse, die Smaragdeidechse, die Äskulapnatter, die Bachnatter, seltener sind die Schlingnatter und die Viper; von ihnen ernährt sich der Natteradler, ein großer Raubvogel, der aber selten hier nistet, da er einsamere Gegenden bevorzugt.
Unter den Vögeln sind die scheue Blaudrossel und die Steindrossel nennenswert, Insektenfresser wie die zahlreichen Sperlingsarten der Macchia: Samtkopfgrasmücke, Dorngrasmücke, Provencegrasmücke, Orpheusspötter und Grasmücke, bevorzugte Beute des kleinen Baumfalken. Nicht selten begegnet man auch dem Rotkopfwürger, dem Rotrückigen Würger, dem Schwarzkehlchen, Braunkehlchen und dem Fliegen-

fänger. Nicht zu vergessen sind außerdem der Gartenrotschwanz, der Hausrotschwanz und der Stieglitz. Kaum mehr anzutreffen ist das ligurische Rothuhn, ehemals besonders zahlreich in diesem Gebiet.

Der Steineichenwald. Diese Vegetation ist der ökologische Idealzustand des Küstenstreifens von La Spezia, der Höhepunkt, der erreicht wird, wenn der Evolutionsprozeß der Pflanzenwelt ein absolutes Gleichgewicht erlangt hat.
Heute existieren nur mehr kleine Waldbestände, die von diesem Idealzustand weit entfernt sind; die Steineiche bildet hier mehr oder weniger einen Mischwald mit Korkeiche, Aleppokiefer und, an schattigeren Stellen, mit der Blumenesche oder der Hainbuche.
Durch die dichten Baumkronen (im Wald sind auch Erdbeerbaum und Phyllirea vertreten) gelangt wenig Sonnenlicht bis zum Boden, weshalb nur einige schattenliebende

26. Weinberge bei Volastra

Pflanzen und Kletterpflanzen hier gedeihen können. Auch die Fauna paßt sich diesen Bedingungen an: hier lebt das Wildschwein, die Mäuseart *Suncus etruscus etruscus*, das kleinste Säugetier Europas, die Äskulapnatter, ein ausgezeichneter Kletterer, die sich von Mäusen, Wühlmäusen, Spitzmäusen, Haselmäusen und Siebenschläfern ernährt. Diese sind auch die Beute der Nachtraubvögel, von Mardern, Wieseln und Füchsen, die hier sehr verbreitet sind.

Im Laubwerk sind Goldamsel und Wiedehopf zu sehen, dort, wo der Wald lichter wird, leben Grün – Bunt – und Kleinspechte.

Thermophile Pflanzenwelt. An besonders warmen Stellen wächst die Aleppokiefer, im allgemeinen besteht die Vegetation aus Strandkiefern (*Pinus pinaster*, nicht zu verwechseln mit der Pinie *pinus pinea*). Diese Baumart ist im gesamten Gebiet vertreten; ihre Verbreitung wurde vom Menschen gefördert, der das Holz dieser raschwachsenden Baumart für seine Zwecke nutzte.

Das Unterholz besteht aus Macchia-Gewächsen, an einigen Stellen aus jungen Steineichen, die dazu tendieren, die jungen Kiefern in einigen Jahren zu verdrängen.

In höheren Lagen besteht das Unterholz aus Wacholder, Sandginster, Edelkastanien, Flaumeichen etc.

Neben dem Eichhörnchen und einem Parassiten, dem Prozessionsspinner, ist an der Küste in der Macchia und im höher gelegenen Mischwald die obenerwähnte Fauna vertreten.

Alle Kiefernwälder zeigen Spuren überstandener Waldbrände, die hier aufgrund der harzigen Baumstämme besonders heftig waren.

Der Einfluß des Menschen. Die Bewohner haben hier Terrassenkulturen angelegt und Trockenmauern zu ihrem Schutz errichtet. Die Terrassen wurden mit Kieseln und Erde aufgefüllt. Millionen (nach einigen Schätzungen *vielleicht* 10 Millionen) Meter dieser Terrassen («cian» im lokalen Dialekt) wurden erbaut mit ungefähr 5 Mill. Kubikmetern Stein.

Die Kulturen, die regelmäßig umgegraben werden, sind so angelegt, daß das Regenwasser zum Meer abgeleitet wird. Der Boden ist deshalb trotz des häufigen Regens sehr trocken.

Außer Weinreben, Olivenbäumen, Gemüse, die hier gezüchtet werden, wächst eine spontane Pflanzenwelt: *Anagallis*, Jungfer im Grünen, Gartenanemone, *Arisarum vulgare*, Ackerlauch, *Muscari*, Knoblauchgewächse und Narzissen, Butterblumen, Zittergras, Wicken, Erdrauch, Kleeblatt, Saatluzerne, wilde Bohnen, Malvengewächse, Sauerampfer, Winden, Mohnblumen, Veilchen, Kuckuchslichtnelke, Gladiolen, Aaronwurz und viele andere mehr.

In den Trockenmauern wächst eine Vegetation, wie sie auch auf den Felswänden anzutreffen ist: Spornblume, Johanniskraut, *parietaria officinalis*, *Sedum* (*dasyphyllum, album, telephium, reflexum*) an den sonnigeren Stellen, während im Schatten Nabelkraut und einige Farnarten wie der braune Milzfarn und der Schriftfarn, *Cheilantes fragrans*, *Selaginella denticulata*, (ein lebendes Fossil) und die seltenen *Asplenium foriense* und *Asplenium billotii* gedeihen.

Die Terrassenkulturen locken eine zahlreiche Fauna, besonders Vögel an: Schwalben, Mauersegler, Mehlschwalbe, Baumpieper, Lerche, Rotkopfwürger, rotrückiger Würger, Schwarzstirnwürger, Drossel, Steinschmätzer, Gartenrotschwanz, Hausrotschwanz, Orpheusgrasmücke, Braunkehlchem, Sperling, Feldsperling, Grünfink, Bluthänfling, Grauammer, Goldammer, Zaunammer, Ortolan, Zeisig, Wiedehopf. Früchte, Samen und Insekten bieten auch dem Igel genügend Nahrung.

Waldkauz, Schleiereule, Fuchs, Wiesel und Marder sind hier auf der Jagd nach Mäusen. Bei den Häusern leben Mauer – und Smaragdeidechse, der Gecko, die Bachnatter und der Blattfinger, eine seltene Geckoart, die nur im westlichen Mittelmeer in den

27

27. Stechginster und blühende Baumheide; im Hintergrund das Vorgebirge Mesco

Stämmen der Olivenbäume im Gebiet Portovenere, Tino und Tinetto heimisch ist.

Hügel – und Gebirgsvegetation und spezifische Fauna. Diese Vegetation entwickelte sich von den Terrassenkulturen bis zur Wasserscheide und besteht hauptsächlich aus Sträuchern, die aufgegebenes Kulturland und vom Waldbrand verwüstete Gebiete besetzen. Heidekraut und Erika werden in höheren Lagen, wo häufig Nebel ist, vom Stechginster abgelöst.

Erica arborea wächst auf kieselhaltigem Boden, außerdem finden wir hier Besenginster, *Cytisus villosus*, die seltenen *Genista januensis* und *Genista salzmannii* (die wie der Stechginster das ozeanische Klima bevorzugen) und Laubbäume.

Auf kleinen Wiesenflächen gedeihen ausser Knäuelgras und Trespen wunderschöne Orchideen: *Orchis ustulata, Orchis tridentata, Orchis maculata* subsp. *fuchsii.*

Die Laubwälder bestehen in diesem Gebiet hauptsächlich aus Edelkastanien. Diese Baumart bildet, auch wenn sie in einem Mischwald vertreten ist, ein vom Menschen künstlich gezüchtetes Ambiente. Kleine Edelkastanienhaine entwickeln sich in tiefen, feuchten und schattigen Taleinschnitten bis fast zur Küste wie z.B. zwischen Fossola und Schiara oder zwischen San Bernardino und Vernazza. Der Mensch hat versucht, diese Kulturen bis zur äußersten Grenze ihres Lebensraumes zu verbreiten. Dieser Baum wurde hauptsächlich auf Terrassen gezüchtet, sei es als Hochwald (ein einziger Stamm konzentrierte alle Nährstoffe, um möglichst viele Früchte zu erzielen), sei es als Schlagholz, bei dem man besonders viele Triebe zu erzielen sucht, die von einem einzigen Baumstumpf ausgehen. In diesem Fall nutzt der Baum die Nährstoffe für das Wachstum neuer Äste. Im Unterholz der Edelkastanienwälder, das je nach Höhenlage wechselt, sind manchmal auch Gebirgspflanzen vertreten; besonders zahlreich sind sie im Tal des Rio Vernazza und bei Fontana di Nozzano, hier auch in relativ niedrigen Lagen. Darunter sind nennenswert die Geranie (*Geranium tubero-*

28

29

28. *Genista germanica*
29. Früchte der Aronwurz

sum), die *Hepatica nobilis, Euophorbia dulcis, Luzula nivea, Centaurea montana* u.a. und Sträucher und mediterrane Macchia dort, wo sich die Edelkastanie auch im Buschwald entwickelt. In den Cinque Terre wachsen aber noch andere Baumarten, die nur in den Mischwäldern vertreten sind. An einigen Stellen nähert sich auch die Flaumeiche dem ökologischen Idealzustand, den in etwas tieferer Lage für die immergrünen Hartlaubgewächse die Steineiche darstellt.

So bilden sich unter verschiedenen Bedingungen verschiedene Wälder, Edelkastanien wechseln ab mit Mischwäldern aus Strandkiefern und Flaumeichen, Zerreichen, Hainbuchen, Blumeneschen und an besonders feuchten Stellen auch mit Schwarzerlen.

Im Unterholz dieser Mischwälder wachsen alle die Pflanzen, die schon für die Edelkastanienwälder aufgeführt wurden: dazu kommen die Strauchwicke, Heidekraut, Brombeersträucher, Sandginster, *Genista*

germanica, Anemonen, Efeu, Schmerwurz, Narzisse, *Iris graminea, Hyacintoides italica* und *Phyteuma scorzonerifolium.* Letzteres hat eine sehr beschränkte Verbreitung.

Diese Wälder sind reich an Früchten, Samen und Insekten und locken daher zahlreiche Vögel an. Zaunkönig und Rotkehlchen leben meist im Unterholz, in den Baumkronen finden wir die Grasmücke, den Kuckuck, die Meisen (Blaumeise, Kohlmeise, Tannenmeise), den Laubsänger, den Zeisig, die Amsel, den Buchfink, den Eichelhäher und die Spechte (Grünspecht, Buntspecht, Kleinspecht und Nordkleiber) sowie die Ammern. Nester und Eier bedroht die Äskulapnatter, ein ausgezeichneter Kletterer.

Dazu kommen noch die Nachtraubvögel, die Würger und der Habicht, die sich wie die Schlingnattern von Mäusen, Wühlmäusen und Echsen ernähren, die in diesen Wäldern leben.

Unter den kleinen Säugetieren sind der Siebenschläfer, der Wiesel und der Maulwurf erwähnenswert, an größeren Säugetieren leben hier Marder, Dachs, Fuchs und Wildschwein. An Bachufern finden wir Frösche, Salamander und den in Italien endemischen Brillensalamander.

Die Grotten. Abschließend einige Worte auch zu diesem spezifischen Ambiente. Hier lebt eine andere, in Italien endemische Amphibie: der Grottenmolch. Dieses Tier, das nur selten an regnerischen, feuchten Tagen in freier Natur zu sehen ist, ist eines der interessantesten Lebewesen der Höhlen. Er lebt in der Umgebung von Portovenere in Grotten, die auch das Habitat zahlreicher Fledermäuse darstellen.

Flora von naturwissenschaflichem Interesse. Von besonderem Interesse sind im Gebiet der Cinque Terre folgende endemische Pflanzen: auf dem Vorgebirge Mesco die *Santolina ligustica*; sie wächst auf Serpentingestein auf besonders trockenem Boden wie auf den «grünen Felsen» zwischen den Cinque Terre und Deiva Marina; die *Centaurea lunensis* subsp. *lunensis*, die nur in Ostligurien und auf dem Apennin bei Parma vertreten ist; die *Centaurea aplolepa* subsp. *aplolepa*, die hier zwar nicht selten ist, deren Verbreitung sich jedoch auf besonders trockene und steinige Gebiete Liguriens und der Toskana beschränkt. Unter denselben Bedingungen mit größerer Verbreitung (Provence, Piemont) wächst die relativ seltene *Campanula media*. Ebenso selten sind das *Galium scabrum* (hier an der nördlichsten Grenze seines Lebensraumes) und der Milzfarn des Petrarca (früher auf dem Tino vertreten), die nur auf den Inseln des westlichen Mittelmeers heimisch sind.

30

31

32

30. Der Frosch
31. Buchfink
32. Haselmaus

Die Gegenwart des Menschen

Die Vorgeschichte

Die Gegenwart des Menschen geht in diesem Gebiet mit Sicherheit auf älteste Zeiten zurück; ein Beweis dafür sind Reste von Gräbern und Gegenständen, die in der «Grotta dei colombi» (Grotte der Tauben) auf der Insel Palmaria aufgefunden wurden. Aus derselben Zeit stammen Jaspissplitter, einer davon in Form einer Pfeilspitze, andere zu Beilen geformt, die uns von landwirtschaftlicher und mit der Jagd verbundener Tätigkeit des damaligen Menschen Kunde geben.

In der Bronzezeit (1800-900 v. Chr.) wurde wahrscheinlich der Verbindungsweg trassiert, der auf halber Höhe ungefähr längs

33

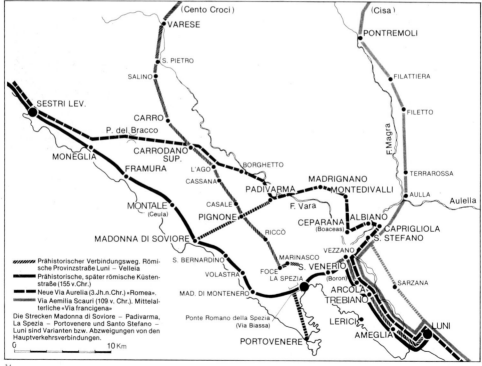

34

33. Der Menhir von Tramonti
34. Die Verkehrsverbindungen der Antike

der heutigen «Via dei Santuari» (Weg der Wallfahrtskirchen) verlief. Hier wurden nämlich sowohl der *Lapis Terminalis* (eine grobgehauene Stele, heute im Museo Civico in La Spezia) als auch die Menhire des Monte Volastra und von Tramonti (wahrscheinlich eine Art Kalender) aufgefunden. Von dieser vermutlichen autochthonen ligurischen Kultur sind uns auch zwei Gräber in Soviore und auf dem Monte Santa Croce erhalten.

Die Reste des angrenzenden Castellaro von Pignone aus frühgeschichtlicher Zeit vermitteln uns das Bild einer armen Hirtenkultur mit einer bescheidenen Entwicklung bis zum 2.-1.Jh.v.Chr., als das Gebiet unter die Herrschaft der Römer fiel. Von diesem Zeitpunkt an haben wir fast ein Jahrtausend lang keine Zeugnisse mehr von der hier ansäßigen Bevölkerung.

Die Römer

Nach der Unterwerfung der Ligurer besetzen die Römer die für sie günstigsten Gebiete um das heutige La Spezia. Im *Itinerarium maritimum Antonii Augusti* (161 v. Chr.) ist die Rede von einem *Portum Veneris*, das die Forschung mit dem heutigen Portovenere identifizieren konnte. Ausschlaggebend war dabei die Auffindung von römischen Münzen und Resten eines antiken Tempels, der sich an Stelle der heutigen Kirche San Pietro erhob.

Aus des Resten einer römischen Brücke zwischen La Spezia und Biassa läßt sich schließen, daß nach der endgültigen Unterwerfung der ligurischen Stämme Claudius Marcellus 153 v. Chr. das alte ligurische Straßensystem ausbauen ließ und so das römische Wirtschaftssystem gegen Westen zu eine immer größere Ausbreitung fand. Es besteht keine einmütige Meinung bezüglich des Verlaufs dieser Straße (Strabon spricht von einer Länge von zwölf Stadien); längs dieser Straße entstanden jedenfalls kleine Ortschaften, wo Händler und Reisende Unterschlupf finden konnten, und wo auch die Pferde gewechselt wurden. Unter diesem Gesichtspunkt ist auch die Entstehungsgeschichte der Ortsnamen zu interpretieren.

35

36

35-36. Römische Villa von Varignano: pseudo-retikuläre Mauer und Marmorstatue von Igea

In der Nähe von Soviore (*sub viorio* - unter der Straße) und «Le stalle» (die Ställe) bei Volastra liegt Porciano, dessen «römische» urbanistische Struktur auf diese Weise Erklärung findet. Auch die Gründung von Volastra dürfte auf die Römerzeit zurückgehen, sei es aufgrund der Anordnung seiner Häuser, als auch wegen seines Namens, *Vicus oleaster* (Dorf der Oliven). Seine Entstehung verdankt es vermutlich einer Posthaltestelle, die hier von römischen Kolonen und Soldaten gegründet wurde.

Der Name der Ortschaft Manarola rührt von einem Tempel der reichen römischen Familie Arula her, die viel Grundbesitz in der Gegend ihr eigen nannte. (*Manium Arula*, die Seelen der

31

Verstorbenen der Arula oder ganz einfach der kleine Altar der Seelen).
Genauso gibt es glaubwürdige Hypothesen für die Entstehung der übrigen drei Orte der Cinque Terre. Rubra, Vulnetia (Bulnetia) sind die Namen von römischen Familien, während Cornelia Grund des Cornelius bedeuten könnte, eines renommierten Weinbaugebiets, aus dem Amphoren mit diesbezüglicher Beschriftung sogar während der Ausgrabungsarbeiten in Pompeji ans Licht gebracht wurden. In der *Cosmographia* des Anonymen Geschichtsschreibers aus Ravenna (7.Jh.n.Chr.) scheinen diese Namen, wenn auch nicht in der richtigen Reihenfolge, bei einer Beschreibung der Via Romana zwischen Pisa und Genua auf. *Vulnetia* könnte auch ein Winterhafen gewesen sein, wobei aus *Hibernacula abernacula, avernacia* und schließlich Vernazza entstanden sein könnte.

Fest steht, daß die Römer angrenzende Gebiete kolonisierten; Zeugnis hiervon geben uns die Reste der ehemaligen «Villa von Varignano» aus den Jahren 80 – 85 v. Chr. Es handelte sich um einen Landsitz mitten in einem *fundus*, der sich vom Meer und den Buchten «delle Grazie» und «Varignano» bis zum Hügel Muzzerone erstreckte, wo man vielleicht damals schon begann, den «Portoro» abzubauen. Die Gegend wurde als Wald und Weideland genutzt. Über das Ausmaß der römischen Kolonisation sind keine genauen Angaben überliefert.
Wahrscheinlich setzte die ligurische Bevölkerung der fremden Kultur und der Wirtschaftsform der römischen Eroberer einen nicht geringen Widerstand entgegen. Diese wiederum waren wenig geneigt, in eine so unwegsame Berglandschaft vorzudringen und bauten demnach im 3.Jh.n.Chr. neben der schon bestehenden Küstenstraße entlang der ehemaligen *Via Aemilia Scauri* (109 v.Chr.) die *Via Aurelia Nova*. Diese führte vom Fluß Magra durch das Tal Vara bis auf den Berg Bracco, wo sie bei Soviora in den Weg nach Pignone einmündete.
Sicher ist, daß die Römer die Olivenkultur, den Weinbau, die Edelkastanie und die Pinie hier einführten, was auch die lokale Bevölkerung dazu bewog, ihre Wohngebiete im gebirgigen Hinterland zu verlassen und sich in Küstennähe anzusiedeln.
Es sind auch römische Funde, die uns Kun-

de vom Fischfang in jener Zeit geben: in der schon erwähnten Villa von Varignano wurden ein Bronzehaken, eine Nadel zum Flechten der Netze und Entwürfe für Fischerwerkzeug (auf Amphoren eingeritzt) aufgefunden.
Die Forschung vertritt die Ansicht, daß der Fischfang, der vielleicht früher schon auf den Inseln ausgeübt wurde, auf dem Festland nur eine zweitrangige Wirtschaftsform darstellte und sich anfänglich vielleicht nur auf das Einsammeln von Muscheln und Meeresfrüchten beschränkte.

Das Mittelalter

In Gebiet der Cinque Terre behauptete sich nach Ansicht der Wissenschaft die Struktur des *fundus*; jedoch auch die prähistorische ligurische Gemeinschaftsform (*Conciliabulum*), in der sogenannte *vici* in einem Stamm (*pago*) zusammengeschlossen waren, lebte noch längere Zeit weiter. Jeder Stamm hatte ein ihm bestimmtes Gebiet, das «Castellaro» genannt wurde.
Mit dem Niedergang des römischen Reiches und der Verbreitung des Christentums erlebte die antike Form des *Conciliabulum* eine neue Blüte, da eine nunmehr verarmte Bevölkerung wieder den Rückweg ins Hinterland antrat. In der Folge wurden es jedoch von den Pfarrgemeinden abgelöst. Der Pfarrer wird so in einer Zeit der politischen Unsicherheit auch zum weltlichen Mittelpunkt.
Die ehemals aufgegebenen oder zerstörten Kultstätten wurden neu entdeckt, Wallfahrtsorte neu revitalisiert, die schon der alten Hirtenkultur gedient hatten. (So wurden zum Beispiel unterhalb der Wallfahrtskirche von Reggio Reste einer noch älteren Kultstätte entdeckt, der von Formentini eine Verteidigungsfunktion an der byzantinischen Grenze zugesprochen wird). Die von den Römern eingeführten landwirtschaftlichen Methoden wurden übernommen und die Bewirtschaftung des Bodens und die Nutzung des Weidelands wurde vom *Conciliabulum* festgesetzt.
Aus dieser Zeit ist uns eine auf den Resten

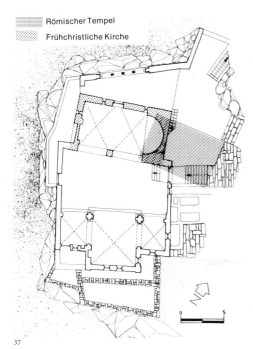

Römischer Tempel
Frühchristliche Kirche

37

37. Grundriß der Kirche San Pietro in Portovenere
38. Groppo

38

eines römischen Tempels erbaute, frühchristliche Kirche aus dem 4.-5.Jh.n.Chr. erhalten, um die später die Kirche San Pietro von Portovenere errichtet wurde. Aus dem 6.Jh. stammt das Zönobium auf dem Tinetto und die älteste Kirche auf der Insel Tino, in denen – zum Schutz vor den Einfällen der Barbaren – Reliquien von Heiligen aufbewahrt worden sein sollen.

Der Orden, der in Portovenere und auf den Inseln mindestens bis zum 10.Jh geistiger und weltlicher Mittelpunkt des umliegenden Gebiets war, hatte sicher auch enge Beziehungen zu den Pfarrgemeinden Pignone, der die Küste von Monterosso bis Vernazza angehörte, und Santo Stefano di Marinasco, unter deren Einfluß das übrige Gebiet der Cinque Terre stand.

Bedeutend ist zweifellos das Wirken der Benediktiner der Insel Tino in dieser Zeit: sie waren es, die die neuen landwirtschaftlichen Techniken verbreiteten, das kulturelle Leben in den einzelnen Orten förderten

und dazu beitrugen, das Christentum im gesamten Gebiet zu verbreiten.

Der erste bewohnte Ort der Cinque Terre war Soviore, was uns die Wiederverwendung von Mauerresten in der heutigen Wallfahrtskirche bezeugt. Die ersten Bewohner dürften aus dem im 7.Jh. von Rothari zerstörten Albereto hierher geflüchtet sein.

Aus der Provence (Frassineto) kommend suchten die Sarazenen noch jahrhundertelang diese Küsten heim und zerstörten jedwede Küstensiedlung, so auch die alte Kirche auf der Insel Tino und das Zönobium des Tinetto, das in der Folge wiederaufgebaut und erweitert wurde.

In den folgenden Jahrhunderten entstanden sowohl die Orte Volastra (wahrscheinlich römischen Ursprungs), das vom Meer her nicht sichtbare Groppo und Reggio als auch der Wallfahrtsort Montenero, der im 8.Jh. von griechischen Flüchtlingen gegründet wurde.

Ökonomische und rechtliche Gepflogenhei-

39

40

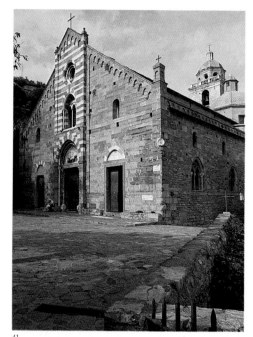

41

39. Befestigungsanlagen in Vernazza
40. Portovenere, Punta San Pietro
41. Portovenere, die Kirche San Lorenzo

ten, die die Grundlage der altligurischen Wirtschaftsform des «compascuo» bildeten und die gemeinschaftliche Nutzung des Waldes, des Weide-und Ackerlandes regelten, wurden nach Einführung der römischen Agrarwirtschaft durch die Form des «fundus» nach römischem, Vorbild abgelöst. Diese sozio-ökonomische Organisation erfuhr eine weitere Entwicklung mit den mittelalterlichen Höfen, d.h. mit neuen Machtzentren, die von den Mittelpunkten des religiösen Lebens unabhängig waren.

Ostligurien gehörte um die Mitte des 10.Jh. zur Mark Obertenga gemäß der Dreiteilung Berengarios II. Dank der immer selteneren Einfälle der Sarazenen begann die Bevölkerung aus dem Hinterland, sich der Küste zu nähern; die bereits bestehenden Siedlungskerne an den Hängen wurden Ausgangspunkte für die Besiedlung des Küstenstreifens.

Um das Jahr 1000 gründeten die Einwohner von Soviore an den Hängen des Hügels San Cristoforo Monterosso (heute die Viertel Erta und Buranco); hier standen die Festung und die erste Pfarrkirche des Ortes. Die Einwohner von Reggio gründeten Vernazza im Schutz seines Castrums, das am Eingang seines natürlichen Hafens auf einem Felsenvorsprung über dem Meer errichtet worden war.

In gleicher Weise erfolgte die Gründung von Manarola und Corniglia durch die Einwohner von Volastra und — wie die Nachforschungen zu bezeugen scheinen — zuletzt auch von Riomaggiore.

Die ältesten Zeugnisse eines «castro Vernaccio» (1050) und eines «Monte Russo» gehen auf Schenkungsurkunden zurück, die zugunsten der Benediktiner der Insel Tino ausgestellt worden waren.

Die Landschaftsstruktur erfuhr in dieser Zeit grundlegende Veränderungen. Man begann, in Meeresnähe Terrassenkulturen für den Weinbau anzulegen. Die bodenwüchsigen Reben wurden in die spärliche Erde zwischen Fels und Gestein gepflanzt, und nur die Trauben wurden leicht erhöht an Stöcke gebunden, um ein besseres Ausreifen zu ermöglichen. Ebenso verbreiteten sich Edelkastanien — und Strandkieferkulturen. Fischfang und Handel trugen zur Entwicklung engerer Beziehungen zwischen Küste und Hinterland bei.

Im 12.Jh. wurden die Territorien der Mark Obertenga zuerst zwischen den Häusern Malaspina und d'Este aufgeteilt und — wie die auf der Insel Tino aufgefundene Dokumentation belegt — in der Folge unter die Herrschaft zahlreicher «Signorie» gestellt. In diesem Zusammenhang stößt man wiederholt auf die Namen der Grafen von Lavagna, der Levanto, der Corvara und der Ponzò. Im Jahr 1113 ließ die Republik Genua eine strategische Festungsanlage auf der Punta San Pietro in Portovenere errichten, und im Jahr 1133 wurde das Kloster San Venerio dem genuesischen Bistum unterstellt. Wenige Jahre später gelangte Portovenere aus dem Besitz der Herren von Vezzano an die Republik Genua, die es mit einem Festungsring, einem Castello und religiösen Einrichtungen ausstattete, darunter die Kirche San Lorenzo, mit deren Bau schon 1116 begonnen worden war. Mehrstöckige Wohnhäuser wurden in einer Form geplant, daß ein kompakter zweiter Mauerring mit wenigen, leicht überwachbaren Durchgängen zum Meer vorgetäuscht wurde.

Um das Jahr 1161 datieren die ersten schriftlichen Zeugnisse bezüglich des Gebiets Tramonti, Urkunden, die die Übergabe von Landbesitz in Persico und Albana von den Herren von Vezzano an das Kloster Tino besiegeln. Diese Tendenz zum Erwerb von Landbesitz seitens des Klerus nahm mit dem Niedergang der Feudalherrschaft im folgenden Jahrhundert ab, als eine neue soziale Klasse von kleinen Grundbesitzern durch den intensiven Weinbau eine radikale Veränderung in diesem Gebiet durchsetzte. Nicht alle Aktivitäten waren jedoch damals an die Landwirtschaft gebunden: Vernazza, zum Beispiel, widmete sich zur Zeit der Signorie Ponzò und Corvara dem Korsarentum, sei es unter dem Schutz Pisas, sei es an der Seite Genuas (1160), das im Jahr 1182 sein Kastell belagerte und eroberte. Einige Jahrzehnte später (1209) ergreift die Republik endgültig Besitz von Vernazza, dessen strategisch wichtiger Hafen für die Expansion Genuas nach Osten zu von außeror-

42

42. Riomaggiore, das Castello

dentlicher Bedeutung erscheint. Es ist so kein Zufall, daß die bautechnischen Besonderheiten, die Portovenere charakterisierten, hier ein Jahrhundert früher als in den übrigen «Terre» eingeführt wurden.

Zum Kampf gegen Pisa und dessen Alliierte rief Genua auch die Bewohner von Tramonti auf, die zum Teil unter der Verwaltung von Biassa standen. Mit Biassa schloß es 1239 einen Vertrag zwischen «von jeder Herrschaft und Jurisdiktion freien Menschen» in Analogie zu einem bereits zwischen Genua und Portovenere bestehenden Abkommen, das politische und kommerzielle Privilegien gewährte.

Nach wechselnden Machtverhältnissen (hier sei Oberto Pallavicino erwähnt, der Stellvertreter Friedrichs II, der Portovenere, Monterosso und Vernazza besetzte) geriet das Gebiet immer mehr unter die Oberherrschaft der Fieschi, denen daran gelegen war, ihren ehemaligen Feudalbesitz in Ostligurien wieder zu erlangen, indem sie den

Kampf zwischen Welfen und Gibellinen auszunutzen versuchten. Nachdem aber Genua 1256 Pisa geschlagen und das Kastell von Lerici eingenommen hatte, besiegte es 1273 auch die Fieschi. Im Jahr 1276 kam das gesamte Gebiet an die Republik, unter deren Herrschaft und Hegemonie es einige Jahrhunderte lang verblieb.

Die Genuesen, an deren Geschichte nunmehr die Cinque Terre bis ins 19.Jh. hinein gebunden sind, verdanken ihre Durchschlagskraft ihrer einzigartigen Fähigkeit, Bündnisse mit Handel und Handwerk zu schließen, diesen Klassen zu einer rechtlichen und wirtschaftlichen Emanzipation zu verhelfen, und mit Technologien und Kapital dem «alten» überholten Feudalsystem eine wirksame alternative Kommunalpolitik entgegenzustellen. Die gesteigerte Mobilität der Menschen und Waren ließ auch im lokalen Bereich neuen Reichtum entstehen. Häfen und kleine Werften werden gegründet; aus diesen Aktivitäten fließt dann wieder

36

43

43. Portovenere, das Castello

Kapital nach Genua. Die Schiffahrt gewinnt immer mehr an Bedeutung. Unter der genuesischen Herrschaft werden die Orte der Cinque Terre befestigt und werden zu autonomen Pfarrgemeinden: die damals gegründeten Kirchen sind heute noch zu sehen. Trotz dieser Veränderungen sollten jedoch die Lebensbedingungen für den Großteil der Bevölkerung noch jahrhundertelang äußerst hart bleiben. Der wirtschaftliche Fortschritt in diesen ersten Jahrhunderten intensiver Kolonisation brachte eine beachtliche Bevölkerungszunahme mit sich, eine Entwicklung, die wiederholt durch schwere Epidemien unterbrochen wurde.
Trotz dieser Rückschläge zählten die Cinque Terre am Ende des 15.Jh. schätzungsweise an die 1.100 – 1.200 Einwohner.
Die Weinproduktion nahm einen ebenso großen Aufschwung und zeichnete sich durch eine so hohe Qualität aus, daß sie Lob und Anerkennung fand. Kein geringerer als Petrarca rühmte die Cinque Terre als «Weinberge – von der wohlwollenden Sonne beschienen und dem Bacchus lieb – die auf Monterosso und die Hügel von Corniglia niederblicken, wegen ihres Weines vielgerühmte Stätten».
Ähnliche Lobeshymnen sangen schon Ursone, Fra Salimbene da Parma, Dante Alighieri, Boccaccio, Andrea Braccio u.a. Daraus läßt sich schließen, daß zu diesem Zeitpunkt das Territorium schon dermaßen verändert erschien, daß eine quantitativ und qualitativ genügende Produktion bereits in einen ausgedehnten Handel miteinbezogen werden konnte. Im 13.Jh. wurden mit Weinen aus den Cinque Terre sogar schon die Niederlande und England beliefert.
Aus dem Jahr 1453 haben wir eine ausführliche Beschreibung von Flavio Biondo, der eine Beschreibung von Bracelli weiterführt und vier «castella» erwähnt: «Monte Rosso», «Vulnetia», «Maranula» und «Riomaggiore». In einer nachfolgenden Beschreibung werden die vier Kastelle in «Quinque

terre» umbenannt, wie uns die «Descrittione della Lyguria» des Giustiniani aus dem Jahr 1537 bezeugt; weiters findet man hier ausführliche Angaben sogar über die Zahl der Familien in diesem Gebiet («foghi», d.h. Feuerstellen, also Familien).

Von der Renaissance bis heute

Die Cinque Terre und der Golf von La Spezia, Grenzgebiete der Republik, wurden, wie wir bei Giustiniani nachlesen können, von Pisa bedroht. Schon Anfang des 15.Jh. hatten die Pisaner Portovenere erobert und es wenige Jahre später wieder an Genua abtreten müssen. Auch Mailand und Spanien zeigten Interesse für dieses Gebiet. Die Aragoneser zerstörten Portovenere am Ende des 15.Jh., was die Republik Genua dazu veranlaßte, wiederholt Festungsanlagen hier zu errichten. Mauern und Forts entstanden entlang der Cinque Terre, die Festungen Corniglia und Riomaggiore wurden errichtet, das neu erbaute Portovenere erlebte im 16.Jh. seine Fertigstellung, und im Jahr 1606 wurde auf dem östlichsten Teil der Insel Palmaria im Gebiet «Scuola», der Turm Johannes des Täufers (Torre di San Giovanni Battista) errichtet.

All diese Veränderungen scheinen aber das Leben der Bewohner nicht wesentlich beeinflußt zu haben, wenn wir Pantero Pantera und seiner «Beschreibung der ligurischen Riviera» Glauben schenken wollen.

Der Verfall der Republik zeigte sich schließlich auch in den veränderten Beziehungen zu diesen Territorien. Steuern, Zollgebühren und Handelsbestimmungen, die den Zweck hatten, sich der hier angebauten landwirtschaftlichen Produkte zu bemächtigen (Wein, Öl, Edelkastanien, aber auch Fisch), weiters die Regelung für die Getreideeinfuhr, den Verbrauch und die Gewinnung von Salz, die Fischerei (insbesondere die Nutzung der «Tonnara» — spezieller Einrichtungen für den Thunfischfang — von Monterosso) veränderten von Grund auf die Einstellung der ansäßigen Bevölkerung gegenüber den Genuesen.

In einer solchen Atmosphäre der Isolierung gewann das religiöse Leben besonders an Bedeutung: Bruderschaften wurden ins Leben gerufen, und es entstanden lokale Traditionen, die erst in jüngster Zeit wieder teilweise in Vergessenheit geraten sind.

Der Weinbau bildete sich immer mehr zur vorherrschenden Wirtschaftsform heraus. Die Weinberge — vorerst nur im Küstengebiet — wurden auch in höheren Lagen längs der Talböden angelegt; am Ende des 19.Jh. begann sich die Olivenkultur zu entwickeln, die nicht zuletzt auch für die Konservierung des Thunfischs von Bedeutung war.

Anfang des 16.Jh. faßte auch die Zucht der Seidenraupe Fuß. Der Anbau des Maulbeerbaums wurde aber später zugunsten der Zitrusfrüchte aufgegeben. Vor allem die Zitronenkulturen nahe den Ortschaften werden von Matteo Vinzoni im 18.Jh. eingehend dokumentiert.

Die landwirtschaftlichen Aktivitäten schlossen auch die Nutzung der Myrte und der an der Steilküste wachsenden Kapern ein.

Auch der Fischfang spielte eine nicht unwesentliche Rolle in den Küstenorten Monterosso und Vernazza. Da Genua das Salzmonopol innehatte, entwickelte sich hier ein reger Schmuggelhandel, der sich auf die mit der Fischkonservierung verbundenen Tätigkeiten stützte.

Am Ende des 18.Jh. erlitt die Bevölkerungszunahme durch Pestseuchen, Hungersnöte und Pirateneinfälle einen bedeutenden Rückschlag. Trotz alledem zeigen die Aufzeichnungen von Vinzoni im Jahr 1773 schon voll entwickelte, den heutigen Ortschaften nicht unähnliche Siedlungen mit eng aneinander stehenden Häusergruppen in Hanglage, die durch Treppenaufgänge miteinander verbunden sind.

Den Höhepunkt dieser Zeit der Unruhen und der Dekadenz bildete schließlich das Jahr 1797 mit dem Fall der Republik Genua und deren Einverleibung in das Königreich Sardinien im Jahre 1815.

Nach seinem Sieg über Österreich (das 1746 Monterosso erobert hatte) ging Frankreich daran, den Golf von La Spezia zu einem Militärhafen auszubauen und das Gebiet zu einem wirtschaftlichen und politischen

Mittelpunkt zu machen. So wurde in der Zeit vor der Niederlage Napoleons mit dem Bau des Forts Castellana begonnen, das dem französischen Kaiser gewidmet wurde. Im Jahr 1814 wurde der Bau unterbrochen, aber etwas weiter westlich war inzwischen der Brunnen von Nozzano bereits fertiggestellt worden, ein für die Bewohner der Gegend weitaus nützlicheres Unternehmen.

Im 19.Jh. fanden Pest, Hungersnöte und Pirateneinfälle auch hier endlich ein Ende. In kurzer Zeit verdoppelte sich die Zahl der Einwohner. 1901 hatten die drei Gemeinden Monterosso, Vernazza und Riomaggiore einen Stand von 7.620 Einwohnern zu verzeichnen.

Die Lebensbedingungen der Bevölkerung waren nach wie vor äußerst schwierig; am Anfang des 19.Jh. waren die Cinque Terre in einem Zustand der Abgeschlossenheit, wie sie ihn noch nie erlebt hatten. 70-80% der Bevölkerung (die Frauen eingeschlossen) waren in der Landwirtschaft tätig, womit sie gerade dürftig ihr Leben fristen konnten. Diesem Bevölkerungszuwachs entsprach eine immere größere Aufteilung des bebaubaren Landes, eine Zersplitterung, die schon im 17.Jh. begonnen hatte. Noch dazu waren das niedrige kulturelle Niveau und das hartnäckige Festhalten an den Traditionen ein Hindernis für den wirtschaftlichen und sozialen Aufschwung des Gebiets.

Das tägliche Leben blieb von technischen Neuerungen praktisch unberührt; jeder Bauer bestellte mit der bloßen Kraft seiner Arme die kleinen Felder, die er an verschiedenen Orten besaß. Diese Aufteilung des Landbesitzes sollte vermeiden, daß Unwetter, Hagel, Erdrutsche u.ä. die Ernte eines einzelnen Bauern vollständig vernichteten.

So wurde alles bebaubare Land genutzt und ertragreichere Rebsorten verdrängten allmählich den ursprünglichen «Roccese». Dieses kostspielige und langwierige Unternehmen verdoppelte zwar die Produktion (50.000 hl am Ende des Jahrhunderts), aber die geringere Qualität des Weins ließ den Preis beachtlich sinken. Auch bezüglich der Arbeitszeit brachte diese Neuerung kaum Vorteile mit sich: das neue Anbauverfahren für Kletterreben erforderte eine weitaus be-

44

44. Muzzerone, Portoro – Steinbruch

schwerlichere Instandhaltung. Außer in Tramonti und in Riomaggiore war der Weinbau jedoch nicht die einzige Wirtschaftsform. In Vernazza und Monterosso (das damals wegen seiner Zitronen berühmt war) hatte sich die Olivenkultur entwickelt, und nebenbei wurde in geringerem Ausmaß auch Gemüse und Getreide angebaut. Im Südosten, in höheren Lagen, widmete man sich auch der Viehzucht. Schafe und Ziegen lieferten außerdem auch den nötigen Dünger für die Kulturen.

Hauptwirtschaftsformen in Portovenere und auf den Inseln waren die Olivenkultur, der Fischfang und der Steinabbau, dem die neue Technik des Schraubenschnitts zu Beginn des 20.Jh. zu neuem Aufschwung verhalf. Einige Steinbrüche wurden auch auf der Halbinsel Mesco eröffnet; der hier gewonnene Serpentin wurde dann in Carrara weiterverarbeitet, während der im gesamten Gebiet der Cinque Terre abgebaute Sandstein an Ort und Stelle verarbeitet

45

45. Riomaggiore, Boote und Geräte für den Fischfang

oder auch nach Genua und La Spezia befördert wurde.

Das Handwerk beschränkte sich auf die
Anfertigung von Fässern und einfachen Ak-
kergeräten. Die bedeutendste handwerk-
liche Tätigkeit wurde von den Schiffszim-
merleuten der nördlichen Ortschaften ausgeübt, die im Bau und in der Instandhaltung
mittlerer und kleinerer Boote große Ge-
schicklichkeit bewiesen. Diese Orte verfüg-
ten über eine recht ansehnliche Flotte, deren
Größe im 19.Jh. mit den großen Neuerungen
im Fischfang und in der Transporttechnik
häufig variierte. Die Fachkräfte auf diesem
Gebiet waren fast ausschließlich in der See-
fahrt beschäftigt, besonders ab dem
Zeitpunkt, als der große Emigrationsfluß
nach Übersee einsetzte. Bis zum Anfang des
20.Jh. bleibt der Transport zur See vorherrschend für die Beförderung der lokalen landwirtschaftlichen Produkte. Erst mit der Er-
öffnung des Arsenals von La Spezia im Jahr
1869 und dem Bau der Eisenbahnlinie
zwischen Levanto, den Cinque Terre und La
Spezia beginnt in den letzten Jahrzehnten
des vorigen Jahrhunderts eine tiefgreifende
Veränderung im wirtschaftlichen Bereich,
aber auch in der Mentalität der Bevölkerung.

Die Möglichkeit, im Arsenal oder in einer
der zu militärischen Zwecken neugegründe-
ten Schwerindustrien zu arbeiten, garantierten einen sicheren Monatslohn, der das ma-
gere Einkommen eines Bergbauern ent-
schieden aufbesserte. Durch die neue Eisenbahnlinie entstand auch ein engerer Kontakt
zwischen der arbeitenden Bevölkerung verschiedener Gegenden, was bald zu sogenannten «Mischehen» führte.

Um die Jahrhundertwende, als bereits
zahlreiche «Pendler» in La Spezia arbeite-
ten, fand diese neue Mentalität ihren Ausdruck in der Gründung von «Arbeiter-
gesellschaften» und in einem neuen Status:

46. Ein Hubschrauber der Marine transportiert einen Leitungsmasten; im Hintergrund eingleisige Zahnradbahn für den Lastentransport

dem Part-Time-Bauern. Die Eisenbahn war es ebenfalls, die dazu beitrug, daß sich kleine, entlegene Ortschaften zugunsten der Küstenzentren langsam entvölkerten. Dieses Phänomen betraf besonders die von den großen Verkehrsverbindungen ausgeschlossenen Ortschaften der Cinque Terre und die östlichsten Randgebiete, wo die Monokultur des Weinbaus vorherrschend war. Andere Orte wieder wurden von der Bahnlinie geradezu zweigeteilt, was sich wieder auf die Aktivitäten in den beiden Ortshälften (Fischfang und Landwirtschaft bzw. Bauwesen) auswirkte.

Die Bevölkerungszunahme, Folge dieser neuen Entwicklung, kommt 1922 plötzlich zum Stillstand, als die Reblaus fast den gesamten Bestand an Weinbergen zerstört. Nach dieser Katastrophe war der Neuanfang äußerst beschwerlich; man verzichtete ab diesem Zeitpunkt auf den Anbau auf höher gelegenen Terrassen.

In der Zwischenzeit waren viele Einwohner der Cinque Terre nach Norditalien oder nach Amerika ausgewandert in der Hoffnung, es den Emigranten gleichzutun, die ihr Glück am Rio della Plata gemacht hatten und reich in ihre Heimat nach Monterosso zurückgekehrt waren.

Der Faschismus in Italien erachtet die Entwicklung der Kriegsindustrie als prioritär und toleriert die Landwirtschaft «part-time» in diesem Gebiet. Eine natürliche demographische Entwicklung kompensiert die Abwanderung nach La Spezia. Die Politik des Regimes versucht ihrerseits, eine Entvölkerung zu verhindern, indem sie Arbeitsmöglichkeiten in Dienstleistungen und Bauwesen in Aussicht stellt.

Nach dem 2.Weltkrieg ist ein konstanter Bevölkerungsschwund im Gebiet der Cinque Terre und Tramonti zu verzeichnen, wozu indirekt auch die Fremdenverkehrsindustrie beigetragen hat, die in der Nachkriegszeit diese einzigartige Naturlandschaft entdeckte.

Die Massenmedien und der direkte, enge Kontakt zur Realität des Landes ließen das Bedürfnis nach Infrastrukturen, die dem heutigen Lebensstandard angepaßt sind, immer stärker werden. Der Staat hat in diesen letzten Jahrzehnten nur wenig in dieser Hinsicht getan. Einige Arbeitsplätze mehr und Infrastrukturen (die Küstenstraße hat das geomorphologische Gleichgewicht des Gebiets stark beeinträchtigt) werden den Forderungen der Bewohner und dem Kulturgut der Cinque Terre in keiner Weise gerecht. Mehr als 50% des bebauten Landes wurden in der Nachkriegszeit aufgegeben, und der Fremdenverkehr scheint heutzutage die einzige, wenn auch nicht sichere Einnahmequelle darzustellen: nicht umsonst sind vorwiegend Frauen in diesem Sektor tätig.

Nicht immer hat die Bautätigkeit die urbanistischen Strukturen der Cinque Terre – Orte respektiert. Besonders im «flachen» Monterosso ist eine Angleichung an die Baukriterien der übrigen ligurischen Küstenorte erfolgt, die diese Ortschaft ihrer urbanistischen Eigentümlichkeit beraubt hat. Das gleiche Schicksal wurde Portovenere zuteil: Cafés, Supermärkte, Boutiquen und Souvenirläden, eine moderne Architektur und Stadtplanung haben es zu einer unter vielen «italienischen Postkartenansichten» gemacht, die nunmehr jeder persönlichen Note entbehren.

Nach dem «Wirtschaftswunder», das auch in Italien die Gesellschaft von Grund auf verändert hat, entwickelte sich hier eine Mentalität, die danach trachtete, die Misere und Armut vergangener Zeiten endgültig zu verdrängen und zu vergessen. So bestehen noch heute Konfliktsituationen zwischen den Einheimischen, die aus ihrem (womöglich mit Staatsgeldern modernisierten und durch Zufahrtsstraßen zugänglich gemachten) Besitz den größtmöglichen Gewinn zu ziehen wünschen, und dem Touristen, der eine unveränderte, mummifizierte Traumwelt erhalten möchte. Diese gegenteiligen Bestrebungen zwischen verschiedenen Interessengruppen – denen die Presse große Aufmerksamkeit schenkte – führten dazu, daß das 1977 entworfene Projekt für einen Naturpark der Cinque Terre endgültig scheiterte.

Der Konflikt zwischen den Anhängern der Tradition, die bereit sind, zugunsten der Bewahrung des Kulturguts manche Schwiergkeiten auf sich zu nehmen, und den Befürwortern eines bequemeren Lebens mit allen Annehmlichkeiten bleibt weiter ungelöst. Es scheint schwierig, einen Kompromiß zu finden zwischen dem Wunsch nach höherer Lebensqualität einerseits und Umweltschutz und Traditionsbewußtsein andererseits. Bis heute existiert noch kein konkretes Entwicklungsprogramm für die Cinque Terre und das Gebiet Tramonti, das den Bedürfnissen seiner Einwohner gerecht wird, ohne jedoch das zu zerstören, was in einem Jahrtausend unter unsäglicher Mühe geschaffen wurde.

Eine, wenn auch nicht die einzige Institution, die sich dieses Ziel gesetzt hat, ist die lokale landwirtschaftliche Kooperative, die 1974 nach der Gründung des Markenzeichens mit Herkunftsangabe für Weine dieses Gebiets (Denominazione di origine controllata) ins Leben gerufen wurde. Die Kooperative setzt sich für die land-

wirtschaftliche Produktion, besonders den Weinbau, ein und bemüht sich um Subventionen bei der Europäischen Gemeinschaft, der Region Ligurien und bei der lokalen Verwaltung. Gleichfalls führt sie regelmäßige Kontrollen der Weinqualität durch und fördert und überwacht den Transport der Trauben mittels eigens dazu angelegter Zahnradbahnen sowie die Schädlingsbekämpfung, die in diesem Gebiet mit Hilfe von Hubschraubern durchgeführt wird. Das größte Verdienst dieser Institution ist es, hier einen Bezugspunkt geschaffen zu haben, dem es gelungen ist zu verhindern, daß viele Hektar Weinberge einfach von ihren Besitzern aufgegeben wurden, auch wenn es fraglich erscheint, ob dies auch in Zukunft verhindert werden kann.

Trotz der Initiativen der Kooperative hält die Abwanderung weiter an, das Durchschnittsalter der Bevölkerung nimmt ständig zu, das Wohnungsproblem steigt im Verhältnis zur Nachfrage nach Zweitwohnungen. Ein immer mehr auf den Konsum hin orientierter Fremdenverkehr verliert die Sorge um das lokale Kulturgut aus den Augen.

Die Bestrebungen, die Gegensätze zwischen Entwicklung und Bewahrung des Alten miteinander in Einklang zu bringen, die dem Gründungsakt des Naturparks zugrundeliegen, scheinen an den Interessenkonflikten der verschiedenen politischen Gruppen im regionalen Verwaltungsausschuß zu scheitern, einer Institution, die bisher unfähig war, eine endgültige Regelung für dieses Gebiet festzulegen. Von Zeit zu Zeit wurden nur vereinzelte Maßnahmen getroffen, als deren bedeutendste das sogenannte «System XV» angesehen werden kann.

Das gesamte hier beschriebene Gebiet ist in diesem System XV enthalten; die diesbezüglichen Bestimmungen, nichts weiter als eine Kompromißlösung zwischen unvereinbaren Gesichtspunkten, sind im Regionalgesetz Nr.12 vom 18.3.1985 und in den Abänderungen des Regionalgesetzes Nr.35 vom 6.5.1985 zusammengefaßt. Ohne weitere Stellungnahme zur Durchführung oder Durchführbarkeit dieser Normen scheint es

47

47. Niedrige Weinlauben in Porciano. Im Hintergrund Corniglia

uns angebracht, daraus nachstehend zwei Paragraphen abzudrucken.

§ 2 (Zweck der Bestimmungen)

Die hier angeführten Normen haben folgende Zweckbestimmung:

a) Schutz und Aufwertung der Tier-und Pflanzenwelt sowie des landschaftlichen und historischen Kulturguts dieses Gebiets;

b) Förderung der öffentlichen und sozialen Nutznießung der obengenannten Güter, soweit dies mit deren Schutz vereinbar ist;
Verbesserung der allgemeinen Lebensqualität und Nutzung der Freizeit unter Beachtung eines angemessenen Gleichgewichts zwischen Naturlandschaft und Siedlungsgebieten.

c) Soziale und wirtschaftliche Entwicklung der ansäßigen Bevölkerung und Förderung – unter Beachtung der Normen, die den Entwicklungsprojekten in diesem Gebiet zugrundeliegen – der Initiativen in den Bereichen Landwirtschaft, Fremdenverkehr, Handwerk, Bodenschutz und Dienstleistungen.

§ 10 (Allgemeine Verhaltensmaßregeln)

Außer den Beschränkungen bzw. Verboten für die «Schutzgebiete» (omissis) werden für dieses Gebiet folgende Verbote festgesetzt:

a) Das Wegwerfen von Müll aller Art;

b) Das Verlassen der Straßen mit Motorfahrzeugen; (omissis);

c) Die Verfälschung des biologischen Gleichgewichts durch nicht heimische Fauna oder Flora (ausgenommen Konzessionen für landwirtschaftliche Zwecke);

d) Das Pflücken von Blumen auf Felsen, Geröllhalden, Stränden und Talböden; Es gelten darüber hinaus die regionalen Bestimmungen zum Schutz der Flora;

e) Die Beschädigung oder Zerstörung von Nestern, Höhlen wildlebender Tiere, ausgenommen Sondernormen für die Land-bzw. Weidewirtschaft;

f) Das Anzünden von Feuern außerhalb der zu diesem Zweck bestimmten Stellen (ausgenommen Sonderbestimmungen für die Land – Weide – und Forstwirtschaft);

g) Die Beschädigung der natürlichen unterirdischen Höhlen und Entfernung von Konkretionen;

Abgesehen von ihrer effektiven Realisierung stellen diese Normen doch Richtlinien für den Besucher dar, dem es daran gelegen

ist, dieses unverfälschte Ambiente zu geniessen und die Verhaltensnormen zu respektieren.

Die Tätigkeiten des Menschen

Der Weinbau

Der Anbau von Weinreben charakterisiert seit Jahrhunderten den Großteil des Gebiets zwischen Monterosso und dem Kap Persico.
Auf den kleinen Terrassen werden heute ca. eineinhalb Meter hohe Lauben angelegt. Aus den heutigen Rebensorten «Bosco, Albarola und Vermentino» wird der Markenwein der Cinque Terre produziert (DOC-Weine); außerdem gibt es jedoch auch die Sorten Regina, Moscato und rote Trauben. Der ehemalige «Roccese» (oder Razzese) wird heute nicht mehr angebaut, obwohl er – wie uns überliefert ist – eine ausgezeichnete Weinqualität hervorbrachte. Diese niedrige Rebe wurde, wie man heute noch hie und da sehen kann, auf dem gut gereinigten Boden eingepflanzt und mit Ginsterfasern an kurzen Rebstecken festgebunden, die die Erikagewächse und die Edelkastanien in reichem Maße lieferten.
So entwickelte sich, vor den Winden geschützt, die kleinwüchsige Rebe, während die Wärme des Bodens den Zuckergehalt der Trauben steigerte. In früherer Zeit wurden die Trauben im Frühling noch einmal festgebunden und mit Schädlingsbekämpfungsmitteln behandelt. Nachdem im Sommer zu üppiges Blattwerk entfernt worden war, fand dann im Herbst die Weinlese statt.
Das heutige System «a pergola», d.h. der Anbau in Form von Lauben, ist dagegen zeitsparender, es brauchen keine Pflöcke mehr eingeschlagen zu werden. Hie und da, aber seltener, stößt man auch an besonders windgeschützten Stellen auf den reihenförmigen Anbau, dessen Bewirtschaftung noch einfacher ist.
Der Weinbau ist hier eine äußerst beschwerliche Tätigkeit, wenn man bedenkt,

48

49

48. Tramonti, Traubensorten des Gebiets
49. Rote Trauben, aus denen die Bauern einen delikaten Roséwein herstellen

daß der Umbruch des Bodens in gebückter Stellung erfolgt und die Trauben und Weine auf weite Strecken nur auf den Schultern befördert werden können. Obwohl heute die Technik einiges erleichtert hat, bleibt der Weinbau ein mühevolles Unternehmen, das dem Winzer in dieser Form keine finanzielle Sicherheit mehr bietet; so wird er nur mehr als eine Teilzeitbeschäftigung betrachtet, die einem nicht unwesentlichen Teil der Bevölkerung jedoch noch die Gelegenheit gibt, altes Brauchtum zu pflegen.

Kleines Wörterbuch des Weinbaus:

Schädlingsbekämpfungsmittel

Es handelt sich um allgemein bekannte Präparate, deren Anwendung per Hubschrauber erfolgen muß.

In früherer Zeit verwendete man zum Schwefeln der Reben einen langen Stock, an dessen Ende ein Jutesack mit Schwefelpulver gebunden wurde. Der Inhalt wurde durch kräftiges Schütteln auf den Reben verstreut. Die Bordelaiser Brühe wird dagegen mit dem traditionellen tragbaren Gerät versprüht.

Düngemittel

Es wird die Technik der Gründüngung angewandt. Unter Lauben oder unter Olivenbäumen werden organische Rückstände eingegraben, von denen man annimmt, daß sie zur Düngung geeignet sind.

Niederholz, Kiefernnadeln, Lupinensamen, Rückstände der Weinbereitung, sogar Wollabfälle werden manchmal zu diesem Zweck vergraben und die langsame Zersetzung hat nicht selten Schäden für die Wurzeln der Reben zur Folge.

Die Geräte

Die Harke (der Traubenkamm)

Seit undenklichen Zeiten gebraucht der Winzer

50

51

52

50. Rückstände der Weinkelterung werden als Düngemittel verwendet
51. Material zur Bestellung der Weinterrassen
52. Alter Keller in Fossola

53

53. Ein «Casotto» (Geräteschuppen) bei Drignana

diesen gekrümmten Zweispitz, der an einen Stiel gebunden wird.

Die Körbe

Heute gebraucht man natürlich Plastikkörbe, früher flocht man an Ort und Stelle Körbe aus den Zweigen der Edelkastanien.
Die Männer trugen die sogenannten «corbe», die Frauen die kleinere «panea». In der «gabbietta» aus Buchenzweigen brachte man die Trauben auf den Markt; «cavagna» hieß der Korb, der zum Transport von Erde und Steinen diente, wenn die Weinbauern daran gingen, die Trockenmauern auszubessern und abgesackte Terrassen neu aufzufüllen.
Scheren, Hippen, Schaufeln und Geräte für die Düngemittel vervollständigen die Ausrüstung eines Weinbauern. Daneben sind die Bauten und Einrichtungen zur Weinbereitung von besonderem Interesse.

Die «Cantine» (Keller, Winzerhäuschen)

Diese zweistöckigen Gebäude mit ca.50m² Fläche

wurden aus Sandstein gebaut und waren in gewissen Monaten bewohnt. Die Winzer verbrachten hier einige Monate zur Zeit der Weinlese; primitive Feuerstellen und Strohmatratzen waren die einzige Ausstattung dieser Hütten, von denen auch heute noch einige zu diesem Zweck aufgesucht werden.
Im Erdgeschoß, dessen Grundriß die Größe einer Terrasse hat, erfolgt die Weinbereitung: hier befinden sich die Weinpressen, Fässer, Bottiche und die Glasbehälter wie Flaschen und Korbflaschen.
In den Winzerhäuschen, die heute noch in ihrer ursprünglichen Form erhalten sind, sind die beiden Stockwerke nur durch einen Bretterboden voneinander getrennt. So konnte die Luft frei zirkulieren, Rauch und Wärme des Kamins verbreitete sich im ganzen Gebäude und konnte durch die Ritzen zwischen den Steinplatten des Dachs und der Außenmauern abziehen. Das Regenwasser rann vom Dach in an der Hinterseite des Hauses in den Fels gehauene Zisternen. Auch heute sind trotz teilweiser Modernisierung die alten Strukturen noch in vielen Fällen deutlich ausnehmbar. Häufig verfügen diese Keller weder über Strom noch Gas; hier scheint wirklich die Zeit stillzustehen.

54. Sandsteinsockel einer alten Weinpresse

Die «Casotti» (Hütten, Geräteschuppen)

Noch primitiver als die Keller sind diese Hütten aus einem einzigen Raum, der sich gewöhnlich auf eine Trockenmauer stützt. Hier wurden all die Geräte aufbewahrt, die für die umliegenden Kulturen nötig waren. Man errichtete diese Hütten überall dort, wo die Entfernung vom Winzerhäuschen den Transport von Geräten auf weite Strecken erforderlich gemacht hätte.

Die Weinbereitung

In den Kellern oder auf den Vorplätzen derselben («poze») werden die Trauben sortiert. Die für den Wein bestimmten Trauben werden für die Weinpresse vorbereitet. Den so hergestellten Most läßt man in den Bottichen nur wenige Tage gären. Früher wurde im ersten Stock des Winzerhäuschens ein großer Bottich bereitgestellt, von dem aus der Most längs einer Leitung aus Kastanienrinde in kleinere Bottiche im Erdgeschoß geleitet wurde. Die zerquetschten Trauben wurden in der Weinpresse noch weiter ausgepreßt (einige Sockel aus Sandstein

für solche Pressen sind hie und da noch zu sehen). Dieser doppelt gekelterte Wein, der sogenannte «strizzo» war von minderer Qualität.

Die Überreste der Weinbereitung wurden entweder vergraben oder aber zur Schnapsproduktion verwendet. Ein typischer lokaler Schnaps ist auch der «Limonetto» aus Monterosso, der trotz seines ausgezeichneten Geschmacks nur wenig bekannt ist.

In der zweiten Oktoberhälfte wird aus getrockneten Trauben der berühmte «Schiacchetrà» bereitet, ein Dessertwein, der aber nicht unbedingt süß sein muß. Zu diesem Zweck werden die schönsten Trauben ausgewählt und auf eigens dazu bestimmten Rahmen bis in den Oktober hinein zum Trocknen aufgelegt. Aus den schönsten Trauben wird dann dieser köstliche Wein bereitet.

Außer den von der lokalen Genossenschaft «Cooperativa agricola») garantierten Produkten sind Weine verschiedener Qualität im Umlauf. Fälschlicherweise wird als «Passito» (d.h. aus getrockneten Trauben hergestellter Wein) mitunter auch der Saft süßer Feigen feilgeboten. Die warme, goldene Farbe kann eventuell auch von einem Stück Kupfer herrühren, das längere Zeit im Weinfaß gelegen hat.

Wie es immer beim Wein ist, soll man sich auf seinen Gaumen verlassen, und sollte man auch darauf nicht vertrauen, die Weine der Kooperative bevorzugen. Doch davon sprechen wir später.

Die von den Weinbauern selbst gekelterten Weine – die es sicher wert sind, gekostet zu werden – wurden von den Kellern in sogenannten «bari» (Fässern mit ca. 40l Inhalt) auf den Schultern in die Ortschaften transportiert. Es ist kaum mehr denkbar, wie der Winzer von damals solche Mühen auf sich nehmen konnte; das war eben zu jener Zeit das alltägliche Leben und der Preis für das Überleben in dieser schwer zugänglichen Gegend.

Beschreibung der Wanderwege

Nützliche Informationen; Zufahrtsmöglichkeiten

Trotz der Tatsache, daß die wichtigsten Ortschaften der Cinque Terre heute mit dem Auto erreichbar sind, ist und bleibt das bequemste Verkehrsmittel für den Touristen und Ausflügler der Zug. Zwischen Sestri Levante und La Spezia gibt es in kurzen Abständen Lokalzüge, die in allen fünf Ortschaften halten. (Der Bahnhof von Corniglia liegt einige hundert Meter außerhalb des Orts).

Mit dem Auto erreicht man die Cinque Terre vom Westen her (Genua, Sestri) über Levanto oder über die Autobahnausfahrt A12 – Brugnato – Borghetto, Val di Vara. Von der Via Aurelia zweigt dann eine Straße nach Pignone ab, von wo aus man über den Colle Termine nach Monterosso gelangt. Eine nicht asphaltierte Straße führt von hier zu den anderen Ortschaften.

Von La Spezia aus erreicht man bequem Riomaggiore, Manarola und die Ortschaften im Hinterland (hier ist auch eine Buslinie in Betrieb); man fährt zuerst in Richtung Portovenere, dann auf der Staatsstraße 370. Von hier zweigt man vor dem Tunnel rechts in Richtung Biassa ab. Von hier geht es weiter bis zum «Telegrafo»; hier gabelt sich die Straße: eine führt nach Verrugoli, eine nicht asphaltierte nach Tramonti, die dritte ist die ziemlich beschwerliche Straße der Wallfahrtsorte, die «Strada dei santuari».

Von der Staatsstraße nach Portovenere (hier verkehren auch öffentliche Verkehrsmittel) zweigen auch asphaltierte Straßen in Richtung Campiglia (mit dem Bus schwer erreichbar) und Muzzerone (über Sella di Derbi) ab. Mit dem Schiff gelangt man nach Portovenere und Palmaria von La Spezia und Levanto aus. Von Portovenere gibt es häufige Verbindungen zur Insel Palmaria sowie Inselrundfahrten. Weiters sind Ausflugsfahrten ab La Spezia nach Monterosso, Vernazza und Portovenere möglich.

Eine Bootsfahrt gibt die Möglichkeit, bestimmte Küstenstriche zu bewundern, die vom Land aus nicht sichtbar wären.

Hotellerie und Gastgewerbe

Hotels und Pensionen sind vorwiegend in Monterosso und Portovenere vorhanden, aber auch in Vernazza, Manarola, Riomaggiore, Colle della Gritta und Soviore ist es möglich, Unterkünfte von gutem Standard zu finden. Längs des Strands von Corniglia gibt es Bungalows; Cafés und Läden im Ort vermitteln Privatunterkünfte. Auch der «Telegrafo», Campiglia, Volastra und die Insel Palmaria sind mit Restaurants und Trattorien ausgestattet.

Wildes Campen ist überall verboten, die Campingmöglichkeiten beschränken sich auf die Nordseite der Wasserscheide, vielleicht in der Nähe einer Quelle, wie z.B. am Paß Cigoletta, oder aber man bittet um Gastfreundschaft bei lokalen Vereinen in Campiglia oder Biassa. «L'arte di arrangiarsi», die typisch italienische Kunst der Selbsthilfe kennt wirklich keine Grenzen!

Ein Besuch in den Cinque Terre – wie und wann?

Die Weinberge bieten im Laufe der Jahreszeiten ein sich immer wandelndes, aber immer fazinierendes Bild. Wer diese Gegend aber richtig genießen will, sollte den Hochsommer, besonders den Monat August, unbedingt meiden, sei es, um dem Massentourismus aus dem Wege zu gehen,

55

55. Ausflügler in Pitone

sei es wegen der Hitze, bei der von einer
Wanderung durch die sonnenverbrannte,
aber doch reizvolle Berglandschaft abzu-
raten ist.

Ein nicht zu oberflächlicher Besuch der
Cinque Terre, von Tramonti und Portovenere erfordert sicher einige Tage Zeit
und ein sportliches Pensum von vielen Kilometern Wanderweg. Wenn nur ein Tag
zur Verfügung steht, bietet es sich an, den
Weg Nr. 2 zurückzulegen, der die fünf
Orte verbindet, oder aber von Portovenere
aus den Weg Nr. 1 bis Campiglia ein-
zuschlagen, dann die Nr. 4 bis zum Ort Telegrafo weiterzugehen und dann längs des
Wegs Nr. 3 nach Riomaggiore herunterzusteigen. Sollten noch Zeit und Energien
übrig sein, kann man den Weg Nr. 2 wei-
terwandern.

Wer diese «klassischen» Wege bereits
kennt, kann Rundgänge wählen, die von
einem Küstenort aus die Bergkämme erreichen und nach einer Strecke längs des Berg-
rückens wieder zu Tal steigen. (In den Be-

56

56. Brunnen in Corniglia: man soll nicht vergessen,
sich in den Orten mit Trinkwasser zu versorgen

50

57

57. Blick vom Muzzerone auf die Insel Palamaria

schreibungen der vertikal zur Küste verlaufenden Wanderwege wurde auf diese Möglichkeit Rücksicht genommen).

Beispiel: Von Riomaggiore erreicht man auf den Wegen 3 oder 3ª den Ort Telegrafo; von hier geht man weiter nach der Markierung 1 bis La Croce, um dann auf dem Weg 01 nach Riomaggiore herunterzusteigen. Für geübte Wanderer empfiehlt es sich, wenn ein ganzer Tag zur Verfügung steht, bis zum Monte Marvede hinaufzusteigen, dann der Nr. 6 folgend nach Manarola und auf der Nr. 2 bis Riomaggiore zurückzugehen.

Nachfolgend schlagen wir einige Strecken vor, die jedoch beliebig variiert werden können:

Manarola (02) Monte Galera (1) Marvede (6) Manarola.

Corniglia (7/a) Cigoletta (7) Case Fornacchi (7/b) Corniglia.

Vernazza (7) Cigoletta (1) Foce Drignana (8) Vernazza.

Monterosso (9) Soviore (1) Mesco (10) Monterosso.

Anhand der Übersicht über die Wege und Schotterstraßen in den Cinque Terre wird dem Leser sofort auffallen, daß es außerdem ein dichtes Netz von Wegen in halber Höhe gibt, das nützlich sein kann, wenn man mit der Eisenbahn unterwegs ist. Es gibt darüber hinaus noch eine große Anzahl von Wegen, die auf unserer Karte nicht eingezeichnet sind. Einige sind erst kürzlich neu trassiert worden, andere werden langsam von der Vegetation überwuchert und zeitweise «neu entdeckt». Wir haben es vorgezogen, nur die aufzuzeichnen, die im letzten Jahrzehnt ständig begangen wurden und mit Hilfe deren eine ausreichende Kenntnis des Territoriums gewährleistet werden kann.

Tramonti erfordert für sich allein mindestens einen Tag Zeit, ein eintägiger Besuch lohnt sich auch für Portovenere und die Insel Palmaria. Um Mißverständnisse zu vermeiden, weisen wir darauf hin, daß der Weg Nr. 1, den wir in seiner gesamten Län-

51

ge bis Levanto beschreiben, nicht durch die Weinberge führt, die die Cinque Terre so berühmt gemacht haben.

Große Vorsicht ist außerdem bei allen Wanderungen geboten (besonders für die mit der Nummer 3 und mehr), da sie durch ein sehr unwegsames und abschüssiges Gelände führen. Die Trockenmauern, die die Terrassen stützen, sind nicht immer stabil! Die Wege sind meist sehr eng, und beim Bewundern des unvergleichlichen Panorams kann es geschehen, daß vorspringende Steine, voluminöse Rucksäcke oder Taschen für Fotoapparate aufgrund einer plötzlichen Hebelwirkung den Wanderer aus dem Gleichgewicht bringen. Wie im Hochgebirge hat es auch hier wiederholt tödliche Unfälle gegeben, weil man die Verletzten am Fuß eines Steilhangs nicht rechtzeitig auffinden konnte.

Es besteht auch die Möglichkeit, hier beschriebene Wege teilweise gesperrt vorzufinden oder neue zu entdecken, die hier nicht aufgeführt sind. Der italienische Alpenverein C.A.I., Sektion La Spezia, und freiwillige Mitarbeiter sind nämlich sehr rührig in der Instandhaltung und in der Bekanntmachung neumarkierter Wege.

Auf jeden Fall empfehlen wir, die auf der Karte eingezeichneten Markierungen und die Anhaltspunkte in den Beschreibungen immer aufmerksam zu verfolgen. Es ist auch unerläßlich, sich in den Ortschaften mit Trinkwasser zu versorgen, da es im allgemeinen längs der Wege weder Quellen noch Bäche gibt.

La Palmaria

Diese Insel hat annähernd die Form eines Dreiecks. Von Portovenere aus bietet sich ihre flachere, grünere Seite mit der Bucht Seno del Terrizzo, wo einige Fährschiffe aus Portovenere und La Spezia anlegen. Die südwestliche Seite zeigt eine hohe, senkrecht zum Meer abfallende Steilküste, die durch die «Grotta azzurra» und die zwei Ein-

buchtungen Cala grande (hier befindet sich die Grotta dei colombi) und Caletta unterbrochen wird. Die Ostseite weist drei sehr malerische, zu Fuß leicht zu erreichende Strände auf: ein idealer Ort zum Baden! Am mittleren, der Cala del Pozzale, befinden sich die Anlegeplätze der Boote nach Portovenere, La Spezia und Lerici.

Trotz wiederholter Brandlegung, deren Grund wohl in der Bauspekulation zu suchen ist, zeigt die Insel auch heute noch eine besonders reiche Vegetation. Ein Halbtag genügt, um in Küstennähe rund um die ganze Insel zu wandern.

Mit dem Boot erreicht man Seno del Terrizzo, das bewohnteste Gebiet der ganzen Insel, mit einem kleinen Hafen, aufgegebenen Steinbrüchen, alten, halbfertigen Bauten und militärischen Einrichtungen. Oberhalb dieser Bucht sind noch Terrassen, ehemalige Olivenkulturen, ausnehmbar, die heute jedoch vom mediterranen Buschwald überwuchert sind. Hie und da ragt eine Aleppokiefer aus dem Dickicht.

In den kleinen Tälern, die von den zwei höchsten Erhebungen meerwärts abfallen, gedeihen Pflanzen, die den Halbschatten und mehr Feuchtigkeit brauchen. In diesen nach Norden gerichteten Einschnitten erreicht das Sonnenlicht kaum direkt den Erdboden, das Klima ist weniger trocken als anderswo, die Verdunstung geringer, sodaß hier mesophile Pflanzen wie z.B. die Hainbuche dicht neben typisch mediterraner Vegetation gedeihen können.

Von Terrizzo aus geht der Weg landeinwärts in linker Richtung, vorbei an einem Café-Restaurant bis zur Asphaltstraße, wo es zwei Möglichkeiten gibt: Bei der ersten Kehre kann man rechts bergauf durch die oben beschriebene Vegetation bis zum Gipfel aufsteigen; es ist aber auch möglich, auf einer schattigen Schotterstraße die Küste entlang, vorbei an den Linden des Offiziersklubs der Marine, die alten, heute nicht mehr bewirtschafteten Terrassen hinaufzusteigen.

Vorbei an den Waschtrögen, Teil eines lan-

58. Palmaria, Cala della Fornace. Im Hintergrund der Turm Scola

gen, niedrigen Gebäudes, geht der Weg rechts bis zum Aussichtspunkt auf Cala della Fornace.

Hier durchquert man einen besonders interessanten Macchia-Wald, in dem die drei Zistrosengewächse, *Cistus villosus, marinus* und *foemina* nebeneinander anzutreffen sind. Dieses Gebiet wurde vor einigen Jahren von einem Brand heimgesucht: das bezeugen die zahlreichen Pflanzen, wie z.B. das Ampelodesmos, die vorzugsweise auf verbranntem Boden gedeihen.

Die Zistrosen haben z.B. Samen die hitzebeständig sind und auf säurehaltigem, trockenem und sonnigem Boden nach einem Brand besonders schnell austreiben. Sie gehören zu den ersten Pflanzen, die ein vom Feuer verwüstetes Land «besetzen». Das Ampelodesmos erneuert sich aus den Keimen, die im Inneren der riesigen, kaum gänzlich verbrannten Pflanze unversehrt überlebt haben.

Bei anderen hitzebeständigen Pflanzen wieder sind es die Schößlinge an den Wurzeln, die zu zahlreichen neuen Pflänzchen austreiben und die verbrannte Mutterpflanze ersetzen. Zu diesen gehören u.a. der Erdbeerbaum, die *Erica arborea*, die Steineiche, die Myrte, die Flaumeiche. In einer ähnlichen Situation wie der eben beschriebenen entwickeln sich diese Pflanzen auf dem Hang oberhalb der Cala della Fornace, der während der Arbeit an diesem Führer von einem Waldbrand heimgesucht wurde. Diesen Teil der Insel erreicht man, wenn man am Ende des Wegs links die Schotterstraße weitergeht. Hier hat man einen prachtvollen Ausblick auf eine kleine vorgelagerte Insel mit dem Turm Scola (16.Jh) jenseits von Überresten ehemaliger militärischer Einrichtungen. Auf der Ostseite des Golfs von La Spezia sieht man (von links nach rechts) La Spezia, San Terenzo mit seiner kleinen, mittelalterlichen Burg, den Strand «Venere azzurra», Lerici und sein von der Seere-

publik Pisa erbautes «Castello», Tellaro, Montemarcello auf dem gleichnamigen Vorgebirge, die Punta Bianca sowie die ersten Gipfel im Massiv der Apuanischen Alpen hinter dem Küstenstreifen an der Mündung des Magra.

Die Cala della Fornace verdankt ihren Namen den alten Brennöfen, wo aus dem Kalkstein der Insel (Rhaetavicula contorta, Portoro — siehe einführendes Kapitel) Kalk gebrannt wurde. Diese Öfen waren nichts weiter als große Gräben, deren Dimensionen sich nach der Quantität des abgebauten Steins richteten.

An der ersten Kreuzung — links geht eine Schotterstraße zur Landzunge zwischen Cala della Fornace und Cala Pozzale — steigt man den Weg weiter an bis zu einem heute verlassenen Bauernhaus. Von hier zweigen zwei kleine Wege ab: der eine in Richtung Meer erreicht die darunterliegende Landzunge, der rechte führt bergauf zu einer Häusergruppe und zur Asphaltstraße. Unser Weg führt jedoch geradeaus mit roter und/oder gelber Markierung; bald genießt man eine schöne Aussicht auf die Insel Tino und die Cala del Pozzale. Am Fuße dieses Gebiets, das den Namen Sotto il Roccio trägt, wechseln Steilwände und kleine Strände ab, die das Meer bei Scirocco-Wind dem Felsen abgerungen hat. Ein kurzes Stück weiter zweigt wieder ein Weg zu den oben erwähnten Häusern ab; der Weg links führt hinunter nach Pozzale. Der Abstieg durch einen dichten Macchia-Wald ist teilweise etwas beschwerlich, aber sehr schön. Das Endstück durchquert einen Nadelwald aus Aleppokiefern.

Steineichen, Mastixbaum, Zistrosen, Myrte und Ginster bilden ein Dickicht, das Kletterpflanzen wie Sarsaparille, Krapp, brennende Waldrebe, wilder Asparagus usw. wie in ein undurchdringliches Netz verstrickt haben. Meerwind und Essenzen von Blumen und Pflanzen der Macchia vermischen sich hier in einem leuchtenden, fast magischen Landschaftsbild.

59

59. Palmaria, Cala del Pozzale

Häufig sind hier auch Mauereidechsen, Smaragdeidechsen, Bachnattern (große, bissige, aber harmlose Schlangen) anzutreffen sowie der Turmfalke, der sich von diesen Tieren ernährt.

Am Ende des steilen Abstiegs geht man zwischen zwei Steinhäusern durch zur Cala del Pozzale, die als Erholungszentrum für das Militär der Luftwaffe genutzt wird. Der Strand besteht aus kleinen, vom Meer rundgeschliffenen Steinen: aus Kalkstein (Rhaetavicula contorta), schwarzem Portoro mit weißer und goldfarbener Äderung und rosafarbenem und grauem Tarso. Links begrenzt den Strand der Steilhang Sotto il Roccio, der das letzte Teilstück unseres Weges bildet; weiter drüben ragt Punta Mariella hervor.

Diesen Küstenstrich bevölkern Möwen, Falken und zahlreiche Sperlingsarten der Macchia.

Auf den Felsen wachsen Kapern, Strohblu-men und in feuchten Felsritzen das zarte Zittergras.

In der Mitte des Strandes befindet sich die Anlegestelle für die täglichen Fährschiffe aus und nach La Spezia, Portovenere und Lerici.

Unser Weg geht weiter in entgegengesetzter Richtung zur Anlegestelle, vorbei an einigen Häusern, darunter eine Trattoria mit Telefon.

Kurz danach duchquert man einen Hain mit Aleppokiefern, dann geht es bergaufwärts durch einen Steineichenwald, an dessen Ende rechts zwei Seitenwege abzweigen. Unser Weg geht aber geradeaus weiter bis auf einen Sattel, von wo aus man einen herrlichen Ausblick auf die kleine Caletta genießt. Der Abstieg erfolgt wieder durch jenes Gebiet, das im August 1988 von einem großen Waldbrand verwüstet wurde. Vor jenem Sommer waren die Hänge wie die Gegend um Pozzale von einem dichten

55

60. *Euphorbia arborea*
61. Meerfenchel
62. Kapernstrauch

Steineichenwald bedeckt. Das Vorgebirge des Pittonetto ist wieder ein schöner Aussichtspunkt: Im Osten Cala del Pozzale, geradeaus geht der Blick auf die Cala Grande und die Caletta.

Oberhalb werden die alten, heute aufgegebenen Steinbrüche sichtbar. Auf der Punta del Pittonetto in einer Einbuchtung, die sich zur Cala Grande öffnet, befindet sich etwas erhöht die berühmte «Grotta dei Colombi», Fundstätte prähistorischer Überreste, die bereits in der Einführung dieses Kapitels erwähnt wurde.

Je höher man steigt, desto deutlicher heben sich unten das Kap und auf der gegenüberliegenden Seite die Insel Tino mit ihrem Leuchtturm ab. Auf dem Tino sind auch noch die Überreste eines alten Klostergebäudes zu sehen.

Auf dem Sattel zwischen den beiden höchsten Erhebungen der Insel gibt es wieder eine Gabelung; nach links geht es zur Punta del Pittone (oder Pitone – der Ausdruck bedeutet im lokalen Dialekt Vorgebirge, Aussichtswarte), während man über die Lokalität Semaforo wieder die Bucht del Terrizzo erreicht.

Unser Weg geht weiter geradeaus längs alter militärischer Einrichtungen aus dem 19. Jh., die im 2. Weltkrieg von den Truppen Hitlers und italienischen Kriegsgefangenen neu adaptiert worden sind. Heute dienen diese Bauten ökologischen Organisationen für Umweltaktionen und Besuche auf der Insel.

Der rotmarkierte Weg geht weiter durch einen Mischwald aus Steineichen und mediterranem Buschwald; steile Serpentinen führen rasch bergab, bis sich ein schöner Blick auf Portovenere und seine Steinbrüche sowie auf die Vorgebirge von Tramonti öffnet.

56

Weißschimmernde Felswände wie die hinter der Kirche San Pietro begleiten uns hier am südwestlichen Hang der Insel mit herrlichen Ausblicken auf das unter der Steilküste schäumende Meer.

Auch in diesen gefährlichen und abschüssigen Gegenden wurde der Portoro abgebaut; durch einen solchen aufgegebenen Steinbruch geht unser Weg weiter bergab.

Steineichen, Ginster, Terebinthe, Asparagus, Aleppokiefern gehen bald über in eine Wiesenlandschaft, die sich nach zahlreichen Brandstiftungen (der letzte Brand wurde sogar durch eine Raketenpistole ausgelöst!) wieder regeneriert hat.

Außer dem Ampelodesmos, einer riesigen Gräserart, wachsen hier auch Thymian, Raute, Strohblumen, Mastixbaum und Zistrosen.

In den Sommermonaten bewirkt die starke Sonneneinstrahlung das Verdunsten der aromatischen Öle vieler dieser Pflanzen: daher der besondere, unverwechselbare Duft, den man hier überall einatmet.

Neben dem Weg wachsen außer den schon erwähnten Kapern Wolfsmilch, Aleppokiefern und dem wilden Ölaum, eine seltene Art von Flockenblume, die *Centaurea veneris* mit endemischem Charakter, d.h. eine Pflanze, die nur auf den Kalkwänden zwischen dem Monte Castellana und den Inseln anzutreffen ist.

Die halbkreisförmige *Euphorbia arborea*, die für dieses Gebiet so charakteristisch ist, zeigt im Sommer nur ihr kahles Geäst. Dieser Strauch, der anderswo im mediterranen Raum die Größe eines Baumes erreichen kann, verliert im Sommer seine Blätter wie viele Tropenpflanzen.

Es handelt sich nämlich um ein Überbleibsel aus dem Tertiär, d.h. aus einer Zeit vor mehr als 1 Million Jahren, als das Klima im mediterranen Raum dem der heutigen Tropen entsprach. Das Aufeinanderfolgen von warmen und kalten Perioden im Quartär hat diese Pflanze und viele andere in diesen Breiten zum Verschwinden gebracht.

In diesem begrenzten Raum ist jedoch dieses «Relikt aus dem Tertiär» noch erhalten, als einziges Zeugnis der Pflanzen, die diese Gegend vor der Eiszeit bevölkerten.

An diesen sonnenbeschienenen Hängen wächst neben einigen mediterranen Orchideenarten eine weitere Pflanze von großem Interesse: die *Iberis umbellata var. latifolia*, die mit der obenerwähnten *Centaurea* derselbe Lebensraum verbindet.

Nach dem Abstieg zum Befettuccio — auf der gegenüberliegenden Seite erhebt sich die Kirche San Pietro auf dem Vorgebirge Arpaia — passiert man einen heute aufgegebenen Steinbruch in einem Gebiet, wo Portoro und Kalkstein Raetavicula contorta aufeinanderstoßen.

Diese ehemals nackten Geröllhalden werden heute wieder allmählich von Macchia und Gestrüpp überwachsen. Am Steinbruch vorbei erreicht man Villa Podestà inmitten eines ehemals bewirtschafteten Gebiets, in dem die Zeichen der Verwahrlosung nur zu deutlich sind.

Gegenüber schließen der Pontile Tosi und die Cala Alberto die Bucht Terrizzo gegen Westen ab.

Meerwärts zeigt der Kalkstein an der Steilküste ein interessantes Phänomen; «litophage» Lammellibranchiaten, die sogenannten Meerdatteln, haben das Gestein mit ihrer säurehaltigen Sekretion durchlöchert, um so Schutz zu finden. Die Küstenvegetation gleich oberhalb ist ebenfalls charakteristisch.

Vorherrschend sind hier Doldengewächse wie der Meerfenchel und die Seemohrrübe (gehört zur Familie der gemeinen Karotte).

Längs des Weges wachsen Mastixbäume, wilder Asparagus, Geißblatt, Zinerarien und andere Pflanzen der Macchia. Der Rundgang um die Insel Palmaria endet wieder beim Pontile, nachdem man zuletzt noch einen kleinen mesophilen Hain durchquert hat, dessen Ausläufer dank der besonderen Beschaffenheit dieser Insel herunter bis ans Meer reichen.

63

63. Die Insel Tino

Die Inseln Tino und Tinetto

Die Insel Tino steht unter Militärkontrolle und ist daher nicht öffentlich zugänglich, außer am Sonntag um den 13. September, dem Fest des Hl. Venerio.

Trotz der Tatsache, daß diese Insel ihre Integrität besser bewahren konnte und weder von rücksichtslosen Touristen aufgesucht noch von mehr oder weniger im Dienst von Bauspekulanten stehenden Brandstiftern verwüstet wurde, ist die Ähnlichkeit mit der Palmaria sehr groß.

Auch der Tino hat eine trockene, sonnige, vom Meer umschäumte Steilküste, die die andere, flachere Seite mit üppiger, mediterraner Vegetation (Steineichen, Aleppokiefern etc.) vor zu starkem Ausdörren schützt.

Auch die Fauna ist der auf der Insel Palmaria sehr ähnlich; hier lebt jedoch auch eine seltene Geckoart, der «Tarantolino».

Dieser lebt in den Trockenmauern nahe der Wohnhäuser, auch in Felsspalten; unter den Baumrinden legt er im Frühjahr und Sommer seine winzigen und zerbrechlichen Eier. In Gefangenschaft ist er besonders langlebig.

Er ernährt sich hauptsächlich von Insekten, aber auch von Blättern. Im westlichen Mittelmeer ist er besonders auf den Inseln vertreten und es ist auch nicht leicht, seinen Lebensraum genau einzugrenzen, da er ein scheues, nächtliches Leben führt und auch häufig mit dem gemeinen Gecko verwechselt wird.

Auf der höchsten Erhebung der Insel, die gegen die südliche Steilküste zu von einer dichten Hecke aus Rosmarin gekrönt ist, erhebt sich der Leuchtturm, den Eugenio Montale in seinem Gedicht «Vecchi versi» (Alte Verse) verewigt hat; die auf die Insel Palmaria zu gewandte Seite bewahrt die Reste des alten Klosters San Venerio, das

58

anstelle einer Kapelle aus dem 7. Jh. an dem Ort errichtet wurde, wo der Leichnam dieses Heiligen aufgefunden worden sein soll. Der Hl. Venerio stammte von der Insel Palmaria, aber er starb als Eremit auf dem Tino. Von dem im 15. Jh. aufgegebenen Kloster sind heute noch Teile der Kirche und des Kreuzgangs sowie eine primitive Ölmühle zu sehen.

Auf dem Tinetto, einer felsigen Insel von nicht mehr als ein paar hundert Quadratmetern, befinden sich die interessantesten Überreste. Hier erhob sich der erste Klosterbau aus dem 6.Jh., der dann nach der Zerstörung des Zönobiums durch die Sarazenen (11.Jh.) auf den Tino und auf die Insel Palmaria (Kloster des Hl. Johannes) verlegt wurde.

Auf dem südlichsten Punkt der kleinen Insel befindet sich ein nach Osten ausgerichtetes Oratorium, bestehend aus einem einzigen Raum, während in der Folge ein weiteres Gebäude auf dem flacheren Teil erbaut wurde. Es bestand aus einer zweischiffigen Kirche mit anschließendem Oratorium und den Zellen der Mönche. Heute ist in diesen Ruinen die Eidechse des Tinetto heimisch, eine Art Mauereidechse, die nur hier endemisch ist.

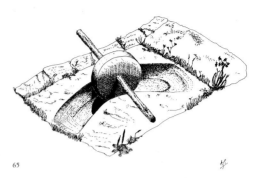

65

65. Alte Mühle auf dem Tino

Wanderweg Nr. 1

Dieser Höhenweg verbindet Portovenere mit Levanto auf dem Bergkamm, der sich längs der Küste zwischen dem Tal Vara, dem Golf von La Spezia bis zur Bucht von Levanto zieht. Die Cinque Terre und Tramonti erschließen sich aus der Höhenlage; der Blick geht über das gesamte Gebiet, das der Mensch so tiefgreifend verändert hat.

Der Weg Nr. 1 ist normalerweise nicht beschwerlich, es kann aber sein, daß einige Teilstrecken von der Vegetation überwuchert werden, und daß die rot-weiße Markierung des Club Alpino (C.A.I.) nicht immer mühelos auszunehmen ist. Die Länge dieses Höhenwegs beträgt zirka 40Km. Ausgangs – bzw. Endpunkt sind jeweils auf Meeresniveau; er erreicht eine Höhe von 780m mit einem gesamten Höhenunterschied von ca. 1600m. Um ihn zurückzulegen, sind etwa 13 Stunden vorgesehen, Pausen oder eine eventuelle Übernachtung müssen einkalkuliert werden.

Die gesamte Strecke läßt sich in Teilstücke unterteilen: darum wird hier eine Beschreibung der jeweiligen Abschnitte mit Hö-

64

64. Überreste der Abtei San Venerio

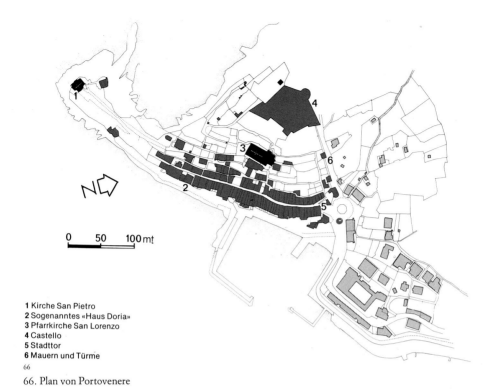

1 Kirche San Pietro
2 Sogenanntes «Haus Doria»
3 Pfarrkirche San Lorenzo
4 Castello
5 Stadttor
6 Mauern und Türme

66

66. Plan von Portovenere

henlage, Streckenlänge, Zeitangabe, Ver-
pflegungsstellen, Trinkwasserversorgung,
Landschaftsbeschreibung und Tips für den
Notfall gegeben.

*Teilstrecke Portovenere (0m ü.d.M.) – Sel-
la di Derbi (190m ü.d.M.)*
Markierung: ⬛ 1 ▬▬
Höhenunterschied: insgesamt 250m; Länge: 3km; 1Std.
Sehr malerisch, erster Teil sehr steil und
abschüssig, tlw. auf Asphaltstraße.
Besonders interessant: Altstadt von Portovenere, Steinbrüche, Festungsanlagen, geologische Bildungen, Flora, Fauna, Vegetation.

Portovenere

Die Siedlung am Eingang des Golfes von
La Spezia in strategisch ausgesprochen
wichtiger Lage bestand bereits zur Rö-

merzeit, was die Auffindung von Resten
eines antiken Tempels in den Grundmauern der Kirche San Pietro anläßlich einer Restaurierung in der Nachkriegszeit belegen konnte.
Auf der Piazza Centrale – eine Autobus-
linie verbindet von hier aus Portovenere
mit La Spezia – sind einige steinerne Meß-
behälter für Wein genuesischer Herkunft
aus dem 17.Jh. bemerkenswert. Durch ein
Stadttor mit der Aufschrift *Colonia januensis 1113*, Datum der Besitzergreifung
von seiten der Genuesen, kommt man in
die Haupstraße, die von eng aneinanderste-
henden Häusern gesäumt wird. Diese lük-
kenlose Aneinanderreihung sollte nach Ansicht der genuesischen Architekten eine
befestigte Stadtmauer vortäuschen, die
vom Castello überragt wurde (siehe Stadt-
plan).
Am Ende dieser Straße befindet sich die
Piazza Spallanzani, auf der man über einen
Treppenaufgang aus Ammonitgestein mit

67

68

67. Portovenere
68. Portovenere, Kirche San Lorenzo

zahlreichen Spuren von Fossilien zur Kirche San Pietro hinaufsteigt (s. Plan). Lohnenswert ist auch ein Besuch in der Kirche San Lorenzo.

Die Kirche San Lorenzo

Diese weitgehend renovierte Kirche hat drei durch Bogen unterteilte Schiffe. Be-

merkenswert sind das Taufbecken mit Skulpturen aus dem 12.Jh.; die *Madonna Bianca*, ein kleines Gemälde auf Pergament aus dem 14.Jh., das hier seit 1399 verehrt wird; die Überreste des Schatzes, die in der Sakristei aufbewahrt werden. Die achteckige Kuppel stammt aus dem 15.Jh.; sie ersetzte den von den Aragonesen zerstörten Turm.

Casa dei Doria

Das sogenannte Haus der Doria ist ein mittelalterliches Gebäude aus der Zeit vor der Neuplanung des Orts durch die Genuesen.

Die Kirche San Pietro

Dieses Gotteshaus auf dem Vorgebirge Arpaia wurde zwischen dem 4. und 5.Jh auf den Resten eines heidnischen Tempels errichtet. Sein heutiges Aussehen verdankt es wiederholten Umbauten und Renovierungen. Aus frühchristlicher Zeit bewahrt es den regelmäßigen Grundriß und Teile des

61

69

69. Portovenere, Kirche San Pietro

Marmorbodens. Auf den Resten eines alten romanischen Klostergebäudes erfolgte dann in gotischem Stil der Fertigbau der Kirche. Von der kleinen vierteiligen Loggia aus bietet sich ein unvergleichlich schöner Blick auf die Steilküste von Muzzerone und Castellana und auf das Vorgebirge von Tramonti.

Das Castello

Auf dem höchsten Punkt der Festungsanlage erhebt sich das Castello (*Castrum vetus*). Der Bau wurde 1161 begonnen und im 16. Jh. vollendet. Der äußere Festungsring aus dem 17.Jh. zeigt eine kompakte Mauer ohne Öffnungen zum Schutz gegen feindliche Angriffe.

Beschreibung des Wanderwegs

An der Piazza Centrale in Portovenere, am Kopfbahnhof der Busse nach La Spezia, wo eine etwas ältliche «Landkarte» über die Wanderwege des Gebiets Auskunft gibt, nimmt der Weg Nr.1 seinen Anfang.
Das erste Teilstück führt am Castello vorbei und ist steil und schattig. Im felsigen Gelände neben den hohen Stufen gedeiht der Akanthus, eine Gräserart mit glänzen-

den, weichen Blättern, Modell – scheint es – für das Ziermotiv der korinthischen Kapitelle im alten Griechenland.
Oberhalb des Friedhofs hat man einen schönen Blick auf das Meer und auf die herrliche Kirche San Pietro. Es geht weiter durch ein Gelände, das den Namen Martina trägt. Dieser Hang gilt als sehr windig: interessant ist ein kuppelförmiger Olivenbaum hinter einer Mauereinzäunung. Da der starke Wind auf der Meerseite das Wachstum des Baumes hemmt, entwickelt sich dieser nur bergwärts in Form einer Flagge.
Unter den zahlreichen Gewächsen dieses steinigen Bodens trifft man hier auf den wilden Granatapfelbaum. Diese Baumart erreicht normalerweise bis zu 4m Höhe; hier hat jedoch der starke Wind den Baum in seinem Wachstum behindert und ihn nicht größer als einen Strauch werden lassen. Der Weg führt weiter durch den mediterranen Buschwald zwischen Ginster, Geißblatt, Zistrosen u.ä. Hie und da ragt ein Ampelodesmos hervor. Wiederholte Waldbrände haben dazu beigetragen, daß sich diese große Gräserart immer mehr verbreitete, da ihre Keime im Inneren das Feuer unbeschadet überstehen können; so «besetzt» diese Pflanze als erste die Stellen, die durch einen Brand verwüstet werden. Vor nicht allzu langer Zeit fand sie auch in der Schiffahrt Verwendung: aus ihren zähen, reißfesten Blättern wurden Taue gedreht, während die Halme zum Flechten von Körben und für andere Hausgeräte Verwendung fanden.
Der Weg steigt weiter an über Terrassen und ehemalige Olivenkulturen, die heute aber verwildert und von der Macchia überwachsen sind. Man durchquert gelegentlich auch Haine mit Aleppo-Kiefern und geht dann den Bergkamm des Muzzerone entlang, der steil zum Meer abfällt. In der Nähe des Steinbruchs Canese auf ca.200m Höhe gabelt sich der Weg; bevor man rechts den mit der Nr.1 markierten Weg weitergeht, lohnt es sich, sich ein bißchen umzuschauen. Geräte für den Steinschnitt und den Transport, auch be-

70

71

70. Blick von der Loggia der Kirche San Pietro auf die Steilküste des Muzzerone und die Vorgebirge von Tramonti
71. Das Vorgebirge San Pietro

72

73

74

72. Myrte
73. *Cistus foemina*
74. *Erica arborea*

reits zugehauene Portoroblöcke sind hier aus der Zeit zurückgelassen worden, als diese Steinbrüche noch in Betrieb waren.

Während bis zu dieser Höhe der Kalkstein Rhaetavicula contorta vorherrschend war (wir werden ihn später erneut antreffen), stößt man jetzt zunehmend auf schwarzen Portoro, ein kalkhaltiges Gestein mit weisser, gelber und goldfarbener Äderung. Wenn man zwei dieser Steine aufeinanderschlägt, verbreitet sich ein leichter Schwefelgeruch, der auf die organischen, nicht oxydierten Substanzen zurückzuführen ist, die dem Portoro die charakteristische schwarze Farbe verleihen.

In den kleinen Bruchlinien, wo chemische Reaktionen zu einer Dolomitisierung des Kalksteins geführt haben, tritt mittels Oxydierung die helle Farbe des Kalksteins hervor.

An diesen Felswänden, die heute für den Klettersport entdeckt wurden, wächst die *Centaurea veneris*, eine sehr seltene Pflanze, deren kleine Blattrosette nur in diesem warmen, trockenen Meerklima gedeihen kann. Diesem «Überlebensphänomen» gelingt es jedoch nicht, am Fuß der Wände, auf flacherem Boden, wohin der Großteil ihrer Samen fällt, die Konkurrenz der anderen Pflanzenarten zu bezwingen.

An der vorher erwähnten Gabelung zweigt nach links die Variante 1a ab (sie wird am Ende dieses Abschnitts noch einmal erwähnt und ist wegen ihres herrlichen Panoramas demjenigen zu empfehlen, der keine Eile hat und noch eine Steigung verträgt); der Weg 1 geht leicht bergauf weiter, an einigen Gebäuden entlang, in das Gebiet Mortea.

Dieser Name stammt von Myrte (hier auch «mortella» genannt), die früher üppig hier wuchs. Die der Göttin Venus geweihte Myrte wurde früher nach Genua exportiert, als die Seerepublik die Schutzherrschaft über dieses Gebiet hatte. Das aus den Blättern gewonnene «Myrtenwasser» wurde für kosmetische und heilende Zwekke, für die Haut und die weibliche Intimhygiene verwendet. Auch in der Küche hatte die Myrte ihren Platz neben dem Lorbeer, aber sie diente auch zur Aromatisierung von Schnäpsen und Likören.

Die Region Mortea, durch die hier ein ziemlich ebener Weg geht, ist eine dürre Wiesenlandschaft, in der Trespe und Ampelodesmos vorherrschend sind. Im Frühling blühen hier zahlreiche mediterrane Orchideenarten, die sehr seltene *Iberis umbelata* var. *latifolia*, die wilde Schwertlilie und die auffallende Glockenblume var. *campanula media*.

Das Gebiet wurde früher bewirtschaftet (Oliven, Pinien, Weizen), heute sind nur noch vereinzelt Spuren dieser alten Kulturen zu sehen. Man genießt von hier aus einen prachtvollen Ausblick auf den Golf von La Spezia.

Zu Füßen des Berghangs geht der Blick auf die Bucht von Portovenere, die kleine vorgelagerte Insel und den Turm Scola aus dem 16. Jh., und auf der Höhe der Mole auf die kleine Bucht von Varignano mit den Ausgrabungen der römischen Villa (siehe Einführung). Man geht weiter bis zur Asphaltstraße, vorbei an einigen Strandkiefern, dann bergab durch einen kleinen Mischwald. Hier am Nordhang des Muzzerone ist das Klima feuchter als im Teilstück vorher; Regenwasser und Wasserdunst werden hier in größerem Maße im Boden gespeichert, Wind, Sonneneinstrahlung und demnach die Verdunstung sind hier geringer.

Wenn auch nur für eine kurze Strecke durchqueren wir hier eine völlig andere Naturlandschaft.

Je tiefer man kommt, desto spärlicher werden Kiefern und Flaumeichen, während sich eine mesophilere Fauna wie z.B. die Hainbuche behauptet.

Nach einem Steinbruch, wo Portoro abgebaut wurde, geht der Weg weiter nach Campiglia.

Dieses Teilstück ist wie eine − geologische − Rückkehr aus der Vergangenheit. Von den ca. 200 Millionen Jahren des Kalksteins *Raetavicula contorta* und den ca. 195 Millionen Jahren des Portoro geht es weiter zum «Massiccio». Auf diese Weise kann man den geologischen Werdegang der Serie Toskana an Ort und Stelle verfolgen.

In Kürze erreicht man Sella di Derbi. Vor der Beschreibung der Strecke Sella di Derbi – Campiglia noch einige Informationen zur Variante 1a.

Wanderweg 1a

Markierung rot-weiß. Der Höhenunterschied ist um ca. 60m größer; der Weg ist etwas länger, man darf zusätzlich mit etwa 10 Min. rechnen. Von Cava Canese steigt man links ziemlich steil bergauf bis auf etwa 300m nahe eines kleinen Gebäudes, das militärischen Zwechen diente und zur Festungsanlage des Muzzerone gehört, die den gleichnamigen Berg überragt.

Auch hier ist die Vegetation vor einigen Jahren von einem gewaltigen Waldbrand vernichtet worden. Außer einigen spärlichen Kiefern sind auch hier nur mehr Wiesen mit den gewohnten Ampelodesmos und Trespe anzutreffen. Die ersten Sträucher des mediterranen Buschwalds machen sich breit: Zistrosen, var. *foemina* und *marinus*, *Erica arborea*, Steineiche, Myrte etc., im Frühling vermischt mit den Blumen, die in der Beschreibung des Wegs Nr.1 aufgeführt wurden.

Der zum Meer abfallende Hang ist von den Flammen verschont geblieben, hier sind außerdem Zinerarien, Aspholdelus, Löwenmaul, *Anthericum liliago* u.a. vertreten. (In diesem abschüssigen Gebiet ist aber besondere Vorsicht geboten).

Am Ende der Steigung geht der Blick wieder auf den Golf von La Spezia, Portovenere, die Inseln und im Westen auf die Vorgebirge von Tramonti, vor allem auf die Terre Rosse und die Klippe Galera, die mühelos auszunehmen sind.

Das Fort Muzzerone auf der höchsten Erhebung wurde im 19.Jh. nach denselben Baukriterien des älteren napoleonischen Forts auf dem Monte Castellana errichtet. Auf den Steilwänden des Muzzerone wach-

sen kleine, schiefwüchsige Aleppokiefern, in etwas flacheren Gegenden an der Meerseite eine reichhaltige, mediterrane Flora: Steineichen, immergrüner Kreuzdorn, *Erica arborea*, Krapp, Sarsaparille, *Dorycnium pentaphyllum*, *Stahelina dubia*, Ginster, brennende Waldrebe, Strohblume, *Galium lucidum*, *Poligala nicaeensis*, *Genista pilosa*, immergrüne Rose usw. Auf den Felsen rundum wachsen die *Centaurea veneris*, die wilde Nelke, die Raute, wilder Kohl und wilde Mohrrübe, die *Cineraria marina*, die Spornblume, Thymian und in besonders windgeschützten Felsspalten sogar einige Moosarten. Häufig halten sich hier diverse Sperlingsarten auf, die Zuflucht und Nahrung in den Sträuchern finden.

Dazu gehören die Grasmücke, die Samtkopfgrasmücke, Schwarz – und Braunkehlchen, der Haus – und der Gartenrotschwanz. Bis vor nicht langer Zeit konnte man auch das ligurische Rothuhn hier antreffen.

Nach einem eher ebenen Teilstück erreicht man die asphaltierte Straße, die durch einen schütteren Kiefernwald bergab führt; nach ca. 100m zweigt links eine Schotterstraße ab, die auf die Meerseite des Steinbruchs des Muzzerone führt. Auf den senkrechten östlichen Felswänden sind die Markierungen der Free Climbers zu sehen. Rundum wächst die typische Felsvegetation dieses Gebiets.

Außer der schon erwähnten *Centaurea* gedeihen hier alle bereits bekannten Arten, wie z.B. die *Euphorbia arborea* und der Feigenbaum.

Alles wirkt hier noch faszinierender durch die Gegenwart des Portoro, eines wirklich einzigartigen Ziersteins. Diese Landschaft von außergewöhnlicher Schönheit ist von der typischen mediterranen Vegetation, Steineichen und teilweise auch Kiefernhainen bedeckt.

Das Rauschen von Meer und Wind wird unterbrochen durch die Schreie der Möwen, das Krächzen der Raben und manch-

75

76

75. Immergrüner Kreuzdorn
76. Strohblume

mal auch durch die Geräusche der Free Climbers an den Felswänden.
Nach der Besichtigung des Steinbruchs geht der Abstieg längs der Asphaltstraße weiter bis zur Kreuzung mit dem Weg Nr.1 in einem Kiefernwald, der allmählich in einen Eichen-und Buchenwald übergeht.

Strecke Sella di Derbi (190m ü.d.M.) – Campiglia (401 ü.d.M.)

Markierung wie bisher, Höhenunterschied 230m, 3km Länge, 1Std. Anfänglich mit sehr schönem Ausblick, Anfang und Ende des Weges teilweise auf Asphaltstraße. An einigen Teilstücken des Wegs ist besondere Vorsicht geboten.
Flora, Fauna, Vegetation, geologische Aspekte sind von besonderem Interesse. Auf der Strecke befindet sich eine alte Windmühle. Campiglia, mittelalterlicher Ort mit Trinkwasser, Telefon, Läden, Restaurants. Nicht besonders häufige öffentliche Verkehrsverbindungen.

Beschreibung des Wegs

Im Tal oberhalb der Bucht delle Grazie kommt man auf eine Asphaltstraße mit Blick auf zwei kleine, neu renovierte Häuschen. Dieser Ort trägt den Namen Sella di Derbi.
Von hier sieht man auf das Meer und auf den Weg Nr. 1, der besonders deutlich markiert ist und zunehmend enger und steiniger wird.
Der Fels wird im Vergleich zum Kalkstein *Rhaetavicula contorta* dunkler aufgrund seiner Zusammensetzung aus Kalkstein und Mergel. Das Gestein, dunklere Schichten an der Basis des Muzzerone, zählt an die 190 Millionen Jahre und gehört zur Formation des «massiccio».
Vorbei an einer Gedenktafel, die an den Tod einiger Flugpiloten im Jahr 1937 erinnert, geht es weiter (anfänglich kurz auf der Asphaltstraße) durch einen wunderschönen Ausläufer des mediterranen Buschwaldes. Zahlreiche Vertreter der mediterranen Flora sind hier anzutreffen: Steineiche, Ginster, Stechginster, Aleppokiefer, Färberginster, Terebinthe, Mastixbaum, Ampelodesmos, Zistrosen var. *marinus* und *foemina*, immergrüner Kreuzdorn, Myrte und verschiedene Kletterpflanzen wie Sar-

77

77. Blick vom Berg Pitone

saparille, *Loniceracea etrusca*, brennende Waldrebe und wilder Asparagus.

Auf den Felsblöcken wachsen außerdem die *Cineraria marina*, die Strohblume und das *Teucrium flavum* u.a..

Nicht überall trifft man hier auf eine so vollkommene Vegetation. Der Brand des Jahres 1987, der hier nachts unvermutet ausbrach, hat die Kiefern vollkommen vernichtet und auch Sträucher und Macchia stark in Mitleidenschaft gezogen.

Die schönste Aussicht bietet sich in der Gegend Pitone (wie dieser in einen Felsen eingeritzte Ausdruck besagt, handelt es sich um einen Aussichtspunkt), von wo aus man die Steilküsten des Muzzerone und die Inseln bewundern kann.

Unter unseren Blicken liegen die Kirche San Pietro, der Jaspis der Terre Rosse und die kleine Insel Galera, die der Volksmund mit einem Schiff, mit einer Galeere verglichen hat. Auf derselben Höhe sind landeinwärts die Einschnitte des alten Steinbruchs von Castellana auszunehmen.

Geologisch gesehen befinden wir uns hier in einer Übergangszone zwischen dem Roten Ammonit mit seinen grauen und roten, fossilienreichen Schichten und dem Posidonia-Mergel, bestehend aus grau-grünem Kalkmergel und tonhaltigem Schiefer mit den Fossilien der Lamellibranchiaten, die diesem Gestein den Namen geben.

Auf dem Aussichtspunkt Pitone besteht die Vegetation vorwiegend aus Raute, Thymian und Strohblumen.

Auf den umliegenden Wiesen sind Zwiebelgewächse anzutreffen: *Aspholdelus, Anthericum liliago*, zahlreiche mediterrane Orchideenarten und im Herbst die *Scilla autumnalis* und *Spiranthes autumnalis* (offizielle Benennung S. spiralis), die von den Botanikern nach der Jahreszeit benannt wurden, in der sie blühen. An diesem zum Meer gerichteten Hang des Monte Castellana, wo man zum letzten Mal das in Ligurien heimische Rothuhn beobachten konnte, sind verschiedene einheimische Falkenarten nicht selten. Vielleicht erscheinen plötzlich über unseren Köpfen mit ihren spitzen Flügeln der rotbraune Turmfalke (das Männchen hat einen aschfarbenen Kopf) oder der in Ligurien äußerst seltene Wanderfalke, der bis vor einigen Jahren hier als ausgestorben galt. Dieser ausgesprochen gewandte Raubvogel wurde von den Jägern besonders geschätzt. Er ernährt sich von kleinen und mittelgroßen Vögeln und unterscheidet sich vom Turmfalken durch seinen kurzen Schwanz, die hell und braun gestreifte Brustpartie und die dunkle Schnabelumrandung, die in Kontrast zu helleren Wangen und Halsfedern steht.

Von der Punta Pitone aus ging in früheren Zeiten ein Weg nach Genua, der unter dem Namen «Weg der Banditen» bekannt war. Er verlief auf halber Höhe und einige Teilstücke sind in Wanderwege miteinbezogen worden. Der Weg Nr. 1 ist jedenfalls die einzige Möglichkeit, weiter nach Westen vorzudringen. Die Steineichen, z.Zt. nicht größer als Sträucher, bevölkern neuerdings wieder ein Gebiet, das, wie schon gesagt, von einem ausgedehnten Waldbrand verwüstet wurde. Jenseits eines Bergkamms öffnet sich ein Blick auf das Tal Albana. Auf der gegenüberliegenden Seite befindet sich das Gebiet Rocca und der Steinbruch, der das Baumaterial für einen Turm (auch «castelletto» genannt) geliefert hat, ein originelles Gebäude, an dem vorbei ehemals die «Via dei banditi» verlief. Etwas unterhalb sind lange niedrige Stallgebäude zu sehen, die bis vor 30 Jahren für die Kühe dieses Gebiets genutzt wurden. Es handelte sich aber um einen Ausnahmefall, da die Rinderzucht in diesem Küstenstreifen kaum betrieben wurde.

Der Weg bietet hier besonders schöne Ausblicke. Das Gestein, roter und grünlicher Jaspis, zeigt an einigen Stellen, wo Lydit an die Oberfläche dringt, auch eine gewisse Schieferung mit rot-violetter Färbung. Unsere geologische Reise hat nunmehr bis an die 135 Mill. Jahre zurückverfolgt.

In einem kleinen, engen Tal geht es weiter durch ein Steineichenwäldchen, das vom Feuer verschont geblieben ist. Das beweist wiederum die Tatsache, wie schwierig es ist, daß Brände die Pflanzen beschädigen, die genügend Wasser im Stamm zu speichern in der Lage sind, wenn sie in schattigen Gegenden wachsen und dem direkten Sonnenlicht und der Verdunstung weniger ausgesetzt sind. Das feuchtere Klima der Tallagen fördert das Wachstum dieser Bäume, deren stärkere Stämme weniger leicht brennen. Das wissen alle die, die Lagerfeuer und Kamine anzuzünden gewohnt sind.

Unter den Steineichen wachsen auch Pilze besonderer Art: der *Clathrus cancellatus* ist ein Pilz mit einem starken, charakteristischen Geruch, der zuerst weiß ist, sich dann rot färbt und sich mit der Zeit krümmt und ausfranst. Der *Ganoderma lucidum*, zäh und faserig als reifer Pilz, besitzt einen nierenförmigen Hut, dessen Farbe von lackrot bis glänzend schwarz variiert.

Nach diesem Wäldchen geht der Weg weiter durch die niedrige Macchia, in der Steineiche, *Erica arborea* und *Cistus*, var., *foemina* miteinander abwechseln. Nahe beim Stamm einiger Zistrosen frischen kleine, gelbe und rote Blümchen das homogene Grün der Macchia auf. Es handelt sich um Schmarotzerpflanzen der Zistrosen – den Hypozist. Da seine schuppenförmigen Blätter zur Photosynthese nicht imstande sind, assimiliert dieser von der Gastpflanze die nötigen Substanzen für sein Wachstum. Nachdem der Bergkamm erreicht ist, gelangt man durch einen Strandkiefernwald zur Asphaltstraße nach Campiglia; ein außergewöhnlich schöner Mastixbaum markiert diese Stelle. Nach einer kurzen Strecke auf der Straße zweigt der Weg wieder links-die Gegend heißt Costetti – ab und steigt weiter durch einen Kiefernwald an. Das Niederholz besteht vor allem aus jungen Steineichen und Erika. Spuren eines Brandes sind noch deutlich zu sehen; die dicke Schicht von trockenen Kiefernnadeln bildet natürlich eine außergewöhnliche Brandgefahr. Hier genügt wirklich die geringste Unachtsamkeit!

Anschließend geht es wieder bergab zur Asphaltstraße, wo die geologische Zusammensetzung wieder wechselt. Statt der roten, grünen und violetten Jaspisschichten erscheint nun der Kalkstein der weißen, zarten Majolika-Formation, worauf bunte Schiefer folgen.

Grauer Mergel ist bei den ersten zwei Häusern, denen man begegnet, besonders deutlich zu sehen. Die lange geologische Reise durch die Serie Toskana endet beim Fußballplatz von Campiglia mit dem braunen Sandstein des «Macigno» und seinen Konglomeraten.

Beim westlichen Tor des besagten Fußballplatzes geht der Weg weiter, während an der gegenüberliegenden Ecke der Weg 11a in Richtung des Tals Albana abzweigt. Dieser heute private Weg kann leider nicht begangen werden – ein Gitter trägt das diesbezügliche Schild.

Auf dem höchsten Punkt der Pineta hat man die Möglichkeit, von einem Belvedere aus die Inseln, das Tal Albana und das letzte Teilstück des soeben zurückgelegten Weges zu überblicken. Unter der Vegetation werden die verschiedenen Stratifikationen des Gesteins sichtbar, die Farbschattierungen und Auskragungen, denen dieses Gebiet den Namen «Costetti» verdankt.

In den tiefer eingeschnittenen Talböden, die weniger unter Wind und Feuer zu leiden hatten, leuchtet das dunkle Grün einer üppigeren Vegetation.

Der Rückweg zum Kiefernwald und zur Markierung Nr. 1 ist kurz. Diese stark frequentierte Strecke entbehrt jeder Bodenvegetation, der die zerstörerische Kraft des menschlichen Fußes den Lebensraum genommen hat.

Noch eine kurze Strecke über einen Hügel und man erreicht einen Sattel und steht kurz vor dem südlichen Ortsende von Campiglia.

Dort ist eine Windmühle zu sehen, die vor mehr als 150 Jahren erbaut wurde. Die hochwertige Technik des Bauwerks, die Präzision in der Verarbeitung des Steins bezeugt uns das fachliche Können der Handwerker der Zeit, die das ganze Jahr über mit der Instandhaltung von Häusern, Kellern, Trockenmauern und Treppengassen beschäftigt waren, weshalb die Verarbeitung des Steins, vor allem des Sandsteins, zu ihrer Hauptbeschäftigung wurde. Sandsteinplatten wurden auch nach La Spezia exportiert.

Vorbei an der Kirche Santa Caterina und dem Friedhof gelangt man in den Ort. Das halbkreisförmige Campiglia ist zum Tal Coregna hin geöffnet, wo auch die ältesten Häuser aus dem Mittelalter stehen.

Strecke Campiglia (401m ü.d.M.) – Sant'Antonio (515m ü.d.M.)

Markierung wie bisher, Höhenunterschied insgesamt 170m; Länge 2,5km, 1Std.

Weg durch den Wald, einige Terrassenkulturen, bemerkenswerte Flora und Fauna; Aussichtspunkte.

Beschreibung des Wegs

In Campiglia kreuzen sich zahlreiche Wanderwege. Nach der Piazza zweigen links die Wege 11 und 4b ab. Bei einem kleinen Brunnen geht rechts der Weg 11 nach Acquasanta und geradeaus der Weg 4a nach Biassa.

Unser Weg mit der Markierung 1 geht etwas weiter vorne auf der linken Seite ziemlich rasch teilweise über Treppen bergauf. Am ersten Haus, das man begegnet, ge-

78

79

nießt man einen schönen Ausblick auf Campiglia, den Golf von La Spezia, den Muzzerone, die Inseln und bei klarem Wetter auf ein gutes Stück tyrrhenischer Küste und die Apuanischen Alpen.

Nahe eines Steinbruchs erheben sich inmitten eines bewirtschafteten Geländes einige schöne Schirmpinien.

Der Weg ist vom Regenwasser ausgehöhlt und gleicht in diesem Stück eher dem trokkenen Flußbett eines Wildbachs. Bei starken Regenfällen sind die Terrassenkulturen und Trockenmauern stark gefährdet; darum werden um die Kulturen kleine Kanäle angelegt, die das Regenwasser sammeln und längs der Furchen oder der Wege abrinnen lassen.

Dieses System der Wasserableitung ist nicht nur im ganzen Gebiet der Cinque Terre verbreitet, sondern auch in Tramonti und Tramonti di Biassa (d.h. auch jenseits der Berge von Biassa), aber nur dieses Teilstück des Wegs Nr.1 gibt die Möglichkeit, diese Technik aus der Nähe zu sehen. Ab jetzt gibt es nur mehr wenige Weinberge und auch nur mehr in einiger Entfernung. Die Lauben sind im allgemeinen niedrig wegen des Windes.

Die Reben lehnen sich an den Draht, der die Rebstecken (meist aus Edelkastanienholz) aufrecht hält. Eine weitere Schutz-

80

78. Hypozist
79. Tramonti, Treppe aus Sandsteinplatten
80. Windmühle in Campiglia

71

maßnahme gegen den Wind bilden erhöhte Trockenmauern und hie und da auch ein Geflecht aus Erikazweigen.

Einige Terrassen wurden in der Zwischenzeit aufgegeben und die Strandkiefern, die hier inzwischen gewachsen sind, zeigen deutlich die Spuren eines überstandenen Waldbrandes.

Die Bodenvegetation besteht aus Adlerfarn, Zistrosen var. *foemina, Erica arborea*. Auf ähnliche Vegetation trifft man im anschließenden Kiefernwald kurz vor Rocca degli Storti. Im Unterholz wachsen hier jedoch auch Besenginster und einige andere Macchiagewächse.

Längs des Weges öffnen sich schöne Ausblicke auf Schiara, eine kleine Gruppe von in der Erntezeit bewohnten Häusern. Hier sind auch einige Korkeichen zu sehen. Diese unterscheiden sich von der Steineiche im besonderen durch ihre dicke Rinde, die den Baum gegen Parassiten, Krankheiten und Brände schutzt.

Die Korkeiche wächst in den wärmsten und trockensten Gebieten des Mittelmeerraums, vor allem auf lehmigem Boden. So findet sie auch hier auf dem Sandstein dieses Territoriums ihren Lebensraum. Es muß jedoch gesagt werden, daß die Korkeiche nur in außergewöhnlichen Fällen bei ähnlichen Feuchtigkeitsverhältnissen auf einer Höhe von über 500m angetroffen werden kann. Daher ist es besonderes wichtig, die Bäume nicht ihrer Rinde zu berauben, da sie ihre Widerstandskraft in diesem Klima nicht voll entfalten können.

Weiter oben wird das Holz der Bäume für Heizzwecke genutzt: hier wachsen zahlreiche Edelkastanien und Erdbeerbäume. Im Unterholz stößt man neben der gewohnten, mediterranen Vegetation auf Gebirgsflora wie die auffallende *Centaurea triumphettii*, die *Luzula nivea* und das *Galium rotundifolium*. Neben diesem letzteren findet man hier auch ein anderes Labkraut mit ovalen, haarigen Blättern, das *Galium scabrum*, hier am nördlichsten Rand seines Lebensraumes.

Nach einem ebenen Stück durch diese Vegetation überquert man das Gebiet Costa dei Pozai; hier geht es wieder bergab durch ein Edelkastaniengebüsch. Der Name «poza» (daher die Ortsbezeichnung) bezeichnete die Laube vor dem Winzerhäuschen, wo der Weinbauer einst seine Arbeit verrichtete und gelegentlich nach getaner Arbeit gesellig mit seinen Nachbarn zusammensaß.

Jenseits des Bergkamms wechselt ganz plötzlich die Vegetation: Im Norden die Edelkastanie, im Süden die Steineiche, Korkeiche und Strandkiefer längs der zahlreichen Wege, die die Costa dei Pozai durchziehen.

Im Frühlig, wenn die Edelkastanien blühen und die Blätter noch klein sind, wachsen auf dem sonnigen Boden Nieswurz, Veilchen, Primeln, Anemonen, die *Hepatica nobilis* u.a.

Die Kastanienkulturen sind künstliche Wälder, die besondere Pflege brauchen. In diesem Schlagwald werden die Bäume niedrig gehalten und alle 10-15 Jahre zugeschnitten. Die Kastanie erneuert sich jedesmal wieder aus dem Stumpf, indem neue Sprößlinge austreiben.

Diese Fähigkeit endet jedoch mit fortgeschrittenem Alter des Baumes, nach ca. 100 Jahren. Nach dem Kastanienwald führt der Weg weiter über die Wasserscheide durch einen schönen Kiefernwald bis zu einer Schotterstraße. Auch hier – ein Teilstück ist als Fitness-Parcours ausgestattet – sind die Spuren eines Waldbrandes erkenntlich: der Boden ist vom Adlerfarn völlig bedeckt.

Beim Abstieg zur Kapelle Sant'Antonio verändert sich wiederum die Flora: Ein kleiner Steineichenhain wird ohne menschlichen Eingriff in kurzer Zeit zum Wald heranwachsen.

So war nämlich die spontane Vegetation dieses Gebiets, bevor die Bewohner hier die Strandkiefer einführten. Ihr schnelleres Wachstum erlaubte eine bessere Nutzung des Holzes, an das das Leben der Bauern

81. Korkeiche

gebunden war. Da nunmehr die traditionellen Aktivitäten hier längst aufgegeben worden sind, stellt sich das ökologische Gleichgewicht in diesem Gebiet wieder von selbst her.

Was die Fauna betrifft, sind hier Fuchs, Marder und Dachs (sehr selten) erwähnenswert und zahlreiche Nagetiere wie z.B. die Wühlmaus, die unter den Baumstümpfen ihre Höhlen gräbt.

Unter den Vögeln sind Zaunkönig und Rotkehlchen hier häufig anzutreffen. Auf den höchsten Ästen der Kiefern nistet der Habicht.

Stecke Sant'Antonio (515m ü.d.M.) – Telegrafo (513m ü.d.M.)

Markierung wie bisher, Höhenunterschied insgesamt 20m; Länge 1km; 20min.

Waldweg.

Beschreibung des Wegs

Sant'Antonio ist ein Kreuzungspunkt zahlreicher Wanderwege.

Schon beim Abstieg zur kleinen, dem Hl. Antonius geweihten Kapelle zweigen links zwei kleine Pfade in Richtung Costa dei Pozai ab. Bei der Kapelle kreuzt man dann den Weg 4 Richtung Biassa und Pegazzano (rechts); links geht es nach Schiara und Monesteroli.

Eine weitere Gabelung führt nach Fossola und Monesteroli (links, nicht ratsam als Verbindung zum Weg 4d), während etwas weiter parallel dazu die Markierung 4c nach Fossola abzweigt.

Der Weg Nr. 1 geht noch ein kurzes Stück geradeaus auf der Straße, dann durch einen Kiefernwald in Richtung Monti della Madonna, die man in Kürze erreicht.

Die Vegetation ist dem vorhergehenden Teilstück nicht unähnlich, die Kiefern werden bald von niedrigerem Edelkastaniengehölz und einigen Flaumeichen abgelöst. So geht es weiter bis zum Monte Fraschi, einen Bergkamm entlang, von dem aus sich jedoch keinerlei Ausblicke bieten. Unweit des Wegs stehen einige Häuser und eine Zisterne.

Bald erreicht man den «Telegrafo» und das Restaurant «Il caminetto», einen Ort, der besonders an Sonntagen viele Besucher anlockt.

In der nahen Trattoria «Da Natale» (die Tische im Garten sind ehemalige Spulen für elektrische Leitungsdrähte) gibt es die beste «mescûa» (eine Art Gemüsesuppe) der Welt, wie eine originelle Zeichnung im Lokal verspricht.

Wie es auch sei, in dieser Trattoria serviert man noch Spezialitäten der lokalen Tradition, Wein, Sardellen und diese «mescûa», eine Suppe aus Bohnen, Kichererbsen und Zweikornweizen, die mit Knoblauch, Pfeffer, Salz und Olivenöl gewürzt wird.

Früher hatten die Hafenarbeiter von La Spezia das Recht, das Getreide einzusammeln, das beim Verladen der Schiffe verschüttet wurde.

Damit kochte man dann eine Suppe, die heute eine Hauptattraktion dieses Lokals geworden ist.

Auch der Telegrafo ist ein Kreuzungspunkt von Wanderwegen: Von der Piazzetta vor dem Lokal zweigt links (wenn man mit dem Rücken zur Trattoria steht) der Weg Nr.3 und der Weg nach Campi ab, die sich gleich beim doppelten Lichtmasten gabeln; geradeaus geht die Schotterstraße mit der Markierung 3a, gleich rechts eine weitere Schotterstraße, die in einer Sackgasse endet.

Dann folgt der Weg 1 und die Asphaltstraße, die zur Gabelung Bramapane und Verrugoli ansteigt. Rechts geht es auf derselben Straße bergab nach Biassa, wohin man auch über den Weg 3a gelangen kann (vom Platz rechts ab). Ein fahrbarer Weg neben dem Weg Nr.1 führt auch zur Kapelle Sant'Antonio, von der wir gekommen sind.

Strecke Telegrafo (513m ü.d.M.) − La Croce (637 ü.d.M.)

Markierung wie bisher, Höhenunterschied insgesamt 150m; Länge 3km; 1 Std.

Anfänglich Steigung, schöne Aussicht, naturwissenschaftlich relevante Aspekte.

Beschreibung des Wegs

Weiterhin gut vom italienischen Alpenverein markiert, steigt der Weg vom Telegrafo an auf den Bergkamm, durch einen vor einiger Zeit vom Waldbrand heimgesuchten Kiefernwald.

Die Kiefern haben heute alle dieselbe Größe und dieselben Dimensionen, aber auch der junge Wald zeigt die Spuren eines neuerlichen Brandes: schwarze Stämme und kleine Kiefernsprößlinge bezeugen die Regenerationsfähigkeit der Vegetation. Das Feuer befreit nämlich die Samen aus den Zapfen und der trockene, säurehaltige Boden begünstigt die Keimfähigkeit. Dasselbe Phänomen hat zur Wiederbelebung des Unterholzes im eben durchquerten Kiefernwald geführt.

Rund um den Weg, besonders an den meerwärts gelegenen Hängen, läßt sich eine Macchiaflora beobachten, die ebenfalls mit der zerstörerischen Macht des Feuers in Zusammenhang steht: aus den vom Feuer kaum versehrten Wurzelstöcken der *Erica arborea*, der Ginster − und Besenginstersträucher, der Brombeeren, aus den Stämmen der Steineichen und des Erdbeerbaums keimten neue Sprößlinge. Auch die Wurzeln des Adlerfarns trieben neu aus. An noch freien Stellen wuchsen erneut der *Cistus foemina* und andere Gräserarten, die in der Folge den Strauch-und Baumarten weichen mußten.

Diese Art von Vegetation begleitet uns ein gutes Stück.

Schöne Ausblicke bieten sich auf das Vorgebirge Montonero, die Costa di Serra mit dem Weiler Lemmen, die darunter liegende Bucht Canneto und im äußersten Westen auf die Punta Mesco. Die Sicht nach Osten in Richtung La Spezia wird dagegen vom Kiefernwald versperrt, in den man jetzt tritt.

Dieser Wald wird auch heute noch von den Bewohnern des Gebiets für Brennholz genutzt.

In morschen Baumstümpfen kann man die Spuren holzfressender Insekten sehen, die in «kranken» Wäldern diejenigen Pflanzen angreifen, die den Parassiten nicht mehr genügend Widerstand entgegensetzen können.

Der Weg geht weiter durch einen kleinen Taleinschnitt mit Robinien und Edelkastanien.

Dank ihrer größeren Wasserreserven im Stamm sind sie vom Feuer verschont geblieben, nicht jedoch die Bodenvegetation. Heute wächst hier wieder Gestrüpp und Adlerfarn.

Sobald man aus dem Wald tritt, überblickt man zum ersten Mal die Cinque Terre. Das Vorgebirge Montonero mit dem gleichnamigen Wallfahrtsort befindet sich nun südlich und grenzt an die Ortschaft Riomaggiore, die wenig später unterhalb der zahlreichen Weinterrassen sichtbar wird. Die Landschaft erweckt hier quasi den Eindruck einer Landkarte «in natura». Geradeaus geht der Blick auf die von Weinbergen umgebenen Volastra und Corniglia und die Küste bis zum Vorgebirge Mesco. Die Wasserscheide und die höherliegenden Hänge sind von Strauchvegetation bedeckt, die der Weg anschließend durchqueren wird.

An der Gabelung nach Bramapane am Fuße des gleichnamigen Forts wird der Weg zur Schotterstraße und führt weiter an die Meerseite des Monte Verrugoli.

Rechts führt ein tiefer Graben zur Asphalt-

82

83

straße in Richtung Telegrafo. Die kleine
Mühe wird mit einem wunderschönen Blick
auf den Golf von La Spezia und die tyr-
rhenische Küste bis nach Livorno belohnt.
Es geht weiter am Fuß des Verrugoli
(745m), den heute ein regelrechter Anten-
nenwald krönt.

Im Jahr 1251 schwuren hier die Bewohner
von Montenero, Lemmen, Casarino, Cericò
u.a. den Genuesen Treue gegen Pisa. In der
Folge gründeten sie Riomaggiore, dessen
historischer Kern nunmehr aus dem Tal des
Rio Major auftaucht. Auf einer Höhe von
ca. 630m wandert man nun auf einem ebenen Teilstück.

Bei der Gelegenheit kann man die Tierwelt
näher beobachten.

Neben einigen Sperlingsarter leben hier
auch Raubvögel wie der Turmfalke und der
Habicht. Auf der Erde sind Mauereidechsen, Smaragdeidechsen und auch Schlangen
nicht selten.

Unter den Baumarten ist die Edelkastanie
hier vorherrschend. Nach einem kleinen
Steinbruch duchquert man sogar einen
kleinen Edelkastanienwald, in dem im

84

82. Strandkieferwald
83. Flaumeiche
84. Zerreiche

Frühling zahlreiche Blumen wie die Dichternarzisse, und die auffallende *Iris graminea* blühen. Nicht weit von einem großen trigonometrischen Signal aus Beton zweigt rechts der Weg 4e zur Osteria Paradiso und zum Monte Parodi ab, einem «Paradies für Ammoniten-Forscher». Links davon gelangt man nach Carpena. Den Herren von Carpena gehörte im 13.Jh. ein Teil dieses Küstengebiets.

Nachdem man den Monte Grosso erreicht hat, führt der Weg Nr.1 weiter durch niedriges Gehölz, hauptsächlich Edelkastanien, das von den Bewohnern in den letzten Jahren aufgegeben wurde. Hinter zwei kleinen Hügeln vorbei führt der Weg in Kürze zum Ort La Croce. Ein Pflock aus Metall trägt die Ortsbezeichnung und vermittelt weitere Informationen.

Eine Fahrstraße führt weiter nach Codeglia und San Benedetto, geradeaus geht der Weg 1 nach Levanto; links davon zweigt die Markierung 02 nach Manarola ab und ebenfalls links geht der Weg 01 nach Riomaggiore.

In der entgegengesetzten Richtung erreicht man auf diesem letzteren Weg Carpena, Castè und La Foce mit der alten Pfarrkirche Marinasco, der im hohen Mittelalter die östlichen Siedlungen der Cinque Terre unterstanden.

Strecke La Croce (637m ü.d.M.) – Monte Galera (Ausgangspunkt Weg 02) (705m ü.d.M.)

Markierung wie bisher, Höhenunterschied insgesamt 70m. Länge 1km; 20 min.

Sehr schönes Panorama, bemerkenswerte Flora.

Beschreibung des Wegs

Der Weg ab La Croce steigt langsam längs des Bergkamms an. Die Vegetation besteht aus der gewohnten Macchia, die nach einem Brand den Hang bis zur Wasserscheide von neuem bedeckt hat.

Die Vegetation an den Nordhängen blieb aufgrund größerer Feuchtigkeit, eines größeren Neigungswinkels der Hänge, vielleicht auch dank des Windes vom Brand verschont.

Junge Edelkastanien, Baumheide, Besenginster und üppiger Adlerfarn bedecken teilweise sogar den Weg, der nicht immer mühelos aufzunehmen ist. Von hier aus sieht man Volastra und Manarola unten im Tal des Rio Finale, das im Süden von der Costa di Campione und im Norden von der Costa di Corniolo eingeschlossen ist.

Auch ein Stück der Straße der Cinque Terre mit einem Tunnel ist auszunehmen. Für kurze Zeit verläuft der Weg auf der anderen Seite des Bergkamms in einem Wäldchen mit Edelkastanien, Strandkiefern, Flaum- und Zerreichen.

Diese beiden letzteren Eichenarten sind einander sehr ähnlich. Sie differenzieren sich durch den mehr oder weniger langen Fruchtbecher der Eicheln (bei der Zerreiche sind die Schuppen besonders lang) und durch die haarigen jungen Äste und Blattunterseiten bei der Flaumeiche.

Nach einem flachen Wiesenstück, auf dem im Frühjahr die wunderschöne Lilienart *Lilium bulbiferum* subsp. *croceum* blüht (auf italienisch nennt man sie die Lilie des Hl. Johannes), befindet man sich genau unter dem Gipfel des Monte Galera.

Rechts, nah beim Weg, der die Hauptachse der Verbindungswege in früherer Zeit darstellte, öffnet sich eine künstliche Grotte, eine der wenigen, die in früherer Zeit den Reisenden und den Kaufleuten Unterschlupf boten, die Waren zur Küste oder ins Hinterland beförderten.

50 Meter von der Grotte entfernt ist eine Kreuzung: rechts gabelt sich der Weg 02 nach Crocetta und San Benedetto (an der Via Aurelia); eine Variante führt nach Codeglia und Carpena.

Einige Meter vorher zweigt vom Weg 1 das

andere Teilstück der Markierung 02 nach Manarola ab, das aber teilweise vom Farn überwuchert und nicht immer mühelos auzunehmen ist.

Strecke Monte Galera (705m ü.d.M.) – Monte Marvede (667m ü.d.M.)

Markierung wie bisher, Höhenunterschied insgesamt 100m; Länge 2km; 40min.

Strecke mit Steigungen und Gefällen, landschaftlich reizvoll, prähistorischer Menhir.

Beschreibung des Wegs

Nach einem dichten Strauchwald, der die höchste Erhebung an der Meerseite des Monte Galera bedeckt, gelangt man in ein niedriges Edelkastaniengehölz, das seit geraumer Zeit nicht mehr gelichtet wird. Die Triebe sind dünn und lang, haben aber trotzdem den Anschein von Bäumen. Es sind keine Spuren von menschlichen Eingriffen festzustellen; Brombeersträucher und Farn zeigen uns aber, daß die Bodenvegetation mittels der Technik des «kontrollierten Brandes» früher einmal gesäubert worden ist.

Es ist nicht ausgeschlossen, daß in einigen Jahren in diesem vom Menschen nicht mehr gepflegten Wald – wie es schon in anderen Gebieten der Fall ist, wie wie später noch sehen werden – die höchsten Edelkastanien an abschüssigen Stellen niederbrechen werden.

Die Wurzeln werden sich als schwach und oberflächlich erweisen. Der Schnitt des Hauptstamms, der für das Austreiben neuer Sprößlinge unerläßlich ist, führt dazu, daß sich nur schwache «Nebenwurzeln» entwickeln, die den Baum nicht fest im Boden zu verankern in der Lage sind.

Besonders während starker Gewitterstürme

geschieht es, daß Bäume entwurzelt werden, deren Triebe wie hier eine gewisse Höhe erreicht haben.

Auf einem Sattel an der Meerseite steht ein Schild, das auf den Menhir aufmerksam macht.

Durch dichtes Gebüsch und Farnkraut erreicht man in Kürze dieses Überbleibsel aus prähistorischer Zeit. Es handelt sich um einen großen Sandsteinblock von ca. 3.80m Länge, der – in zwei Teile auseinandergebrochen – auf dem Boden liegt.

Er wurde vor nicht allzu langer Zeit entdeckt und scheint der «Zwillingsbruder» des Menhirs von Tramonti zu sein, also aus der Bronzezeit zu stammen.

Wahrscheinlich erreichte er den Ort seiner Bestimmung nicht, vielleicht stürzte er, oder er brach während des Transports; wie haben jedenfalls keine genauen Informationen über seine Zweckbestimmung, auch wenn man vermutet, daß er eine Art Sonnenuhr für die Bewohner einer früheren Siedlung dargestellt haben könnte, indem er ihnen die Sonne im Mittag anzeigte.

Man geht – auch durch das dichte Gebüsch – zurück zum Weg 1 und erreicht den zum Meer gerichteten Hang. Im niedrigen Edelkastanien – und Zerreichenwald öffnen sich häufig Lichtungen mit Gebüsch und Farnkraut.

Über den Monte Cuna erreicht man einen Sattel; hier ist beim Weitergehen größte Vorsicht geboten, weil sich in diesem Punkt viele Wanderwege kreuzen.

Der Weg 1 ist auf Bäumen, Steinen und Metallpflöcken markiert. Die Markierung 6c geht dagegen meerwärts weiter, längs eines Hügelkamms bis zum gegenüberliegenden Monte Cuna, anschließend zum Monte Le Croci. Weiters zweigt auf diesem Sattel in Richtung Küste (Bovera) der Weg 6a sowie ein Pfad, der die Verbindung mit dem 6b und der Höhenstrecke 02 in Bovera herstellt.

Vom Sattel des Monte Capri geht bergwärts in Richtung Marvede oder Quaratica eine

85

85. Der Menhir der Cinque Terre

Verbindung nach Termo zur Markierung 5. Auf dem Weg 1 gelangt man weiter auf die Nordseite des Apennins in einen Edelkastanien – und Zerreichenwald, in dem zahlreiche, grobkörnige Sandsteinblöcke verstreut sind.

Der Wald ist sehr schön mit großen, schlanken Bäumen, zu deren Füßen eine ausgesprochene Gebirgsflora zu sehen ist: *Euphorbia dulcis, Luzula nivea, Galium rotundifolium*, wilde Geranien u.a. Besonders schön blüht im Frühling die Anemone, die zarte, blaue *Hepatica nobilis*, die Primeln und die Lilie subsp. *croceum*.

Das Unterholz besteht aus Haselnußsträuchern, Strauchwicke und Sandginster. Es sind auch verschiedene Pilzarten vertreten und kleine Kastanienpflänzchen, die in diesem an Nährstoffen reichen Boden gedeihen. Was die Fauna betrifft, finden wir hier den Nordkleiber und den Buntspecht, die in den größten Baumstämmen nisten. Auch das Wildschwein ist hier heimisch. Unter den Reptilien sind verschiedene Echsen (Smaragdeidechse) und Schlangen wie die Bachnatter, die Viper und die Äskulapnatter erwähnenswert. In hohen Baumkronen nistet hier der Habicht und versucht so, der Schar von Jägern aus dem Wege zu gehen, die auf einem Sattel in der Nähe des Monte Galera auf Zugvögel (z.B. die Ringeltaube), aber auch auf die Verbotsschilder schießen, die hier das Jagen strengstens untersagen.

Durch diese Gefahren sind die zahlreichen Vögel (s. Einführung) mißtrauisch geworden. Trotzdem ist dieses Gebiet äußerst interessant und bietet in bezug auf Flora und Fauna unvergleichlich mehr als die zum Meer gerichteten Hänge, die seit wiederholten Bränden eine einförmige Vegetation kilometerlang bedeckt.

Am Rande des Waldes erreicht man eine Paßhöhe am Monte Cuna. Nach links zweigt ein Weg zum Gipfel ab. Rechts stellt ein Pfad eine Verbindung zum Weg 5 her.

Geradeaus (Markierung auf einer Kiefer) geht der Weg 1 bergab zum östlichen Sattel des Monte Marvede.

Statt des Blicks auf den Apennin und das Tal Vara bietet sich jetzt wieder die Aussicht auf das Vorgebirge Mesco, wo der Weg 1 sein Ende findet.

Auch die Vegetation ist wieder anders: neben der Kastanie werden die Strandkiefern immer zahlreicher.

Das Unterholz ist reich an Sträuchern, die säurehaltigen Boden bevorzugen: Erika, Heidekraut, Zistrosen var. *foemina*.

Daneben wachsen Brombeeren, Adlerfarn, und alle die Pflanzen, die nach einem Brand besonders schnell den verbrannten Boden bevölkern.

Eine Gabelung stellt links eine Verbindung zum Weg 6 her (Richtung Manarola), dann rechts eine weitere zum Weg 5.

Unser Weg erreicht dagegen in Kürze den Fuß des Monte Marvede, einen neuerdings komplizierten Kreuzungspunkt.

Links Markierung des C.A.I. Richtung Manarola; rechts Wege 5 und 6 (gemeinsames Anfangsstück) nach Quaratica bzw. Casella. Geradeaus geht der gut markierte Weg 1 und (etwas weiter rechts) die Variante 1b, die zum Bergkamm ansteigt und zu einer Wiese führt (ca. 1km), wo auch der Weg 6a aus Corniglia endet.

Strecke Marvede (667m ü.d.M.) – Cigoletta (612m ü.d.M.)

Markierung wie bisher, Höhenunterschied insgesamt 100m; Länge 1,5km; 30min.

Leichtes Gefälle, schöne Aussicht, interessante Flora.

Beschreibung des Wegs

Anfangsstück unterhalb des Monte Marvede. Wie der Name besagt, wurde diese Bezeichnung dem 700m hohen Berg von den Bewohnern des Hinterlandes gegeben, weil man von seinem Gipfel aus das Meer sehen konnte.

Das Gebiet bis Cigoletta trägt den Namen «Monte Grosso». Anfänglich geht der Weg eben durch einen Strandkieferwald; hier kann man oft den Flug der Zugvögel beobachten und leider auch Jäger antreffen.

Die Stämme der Bäume zeigen Spuren überstandener Waldbrände; das Gebüsch besteht aus Stech – und Besenginster, typische Gewächse der submontanen Flora. Ein Stück weiter kommt man durch einen Eichenwald: die Zerreiche mit ihren gelappten Blättern, Stein – und Korkeichen stehen nebeneinander. Bemerkenswert ist die Höhenlage, die die Korkeiche hier in Ligurien erreicht.

Auf dem Bergkamm öffnet sich ein schöner Blick auf das Tal Molinello (am Ende dieses Tals stand eine Kastanienmühle) und die in Weinberge eingebetteten Häuser von Porciano.

Das Gebiet rundum wurde im September 1974 von einem ausgedehnten Waldbrand verwüstet, der sich vom Talboden ausgehend verbreitete. Nur langsam begann die Vegetation, sich wieder zu regenerieren. Vor allem an der Costa Lunga (dahinter sieht man San Bernardino) entwickelt sich langsam wieder der Buschwald mit Erika, Stech-und Beseginster sowie einige Edelkastanien, Zerr – und Steineichen.

Falls hier keine weiteren Brände Schaden anrichten, werden diese Bäume wachsen und mit der Zeit das Unterholz verdrängen, das diese Hänge jetzt zu einem undurchdringlichen Dickicht macht. Die Funktion der Macchia ist jedoch lebensnotwendig für den Wald. Ihre organischen Reste, ihre Wurzeln machen den Boden fruchtbar für die Keimlinge, spenden Schutz und Schatten den jungen Bäumen, die eines Tages zu einem neuen Wald heranwachsen werden. Diese Überlegungen seien uns ein Trost wenn unser Weg vom Stechginster versperrt ist oder wir eine Wegmarkierung nicht mehr finden können wie z.B. die Abzweigung 7c, die von hier zu den Case Pianca führte.

Kurzer Abstieg bis zu einer schönen Wiese in einem schütteren Strandkieferwald, ein idealer Ort für eine Pause. Von hier zweigt links der Weg 7a ab, der zur Straße der Wallfahrtsorte, zu den Case Pianca und dem von hier aus sichtbaren Corniglia führt.

Der Weg 1 verläuft teilweise in Steineichengebüsch und Macchia bis zu einem weiteren Kreuzungspunkt: rechts führt der Weg 7 zu einem Bach mit Trinkwasserqualität und nach einer längeren Strecke nach Riccò del Golfo im Hinterland; meerwärts geht es nach Vernazza oder − über die Variante 7b − nach Corniglia.

86

86. Heidekraut

Strecke Cigoletta (612m ü.d.M.) − Foce Drignana (550m ü.d.M.)

Markierung wie bisher, Höhenunterschied insgesamt 240m; Länge 6km; 2Std.

Steiler Anstieg am Anfang, ebenso steiler Abstieg am Ende. Man erreicht 777m ü.d.M. in der Nähe des Monte Castellana. Leichtes Auf und Ab im Mittelstück. Der teilweise etwas enge Weg bietet ein sehr differenziertes Landschaftsbild mit naturwissenschaftlich interessanten Aspekten; Aussichtspunkte.

Beschreibung des Wegs

Von Cigoletta geht es rechts von der Wasserscheide allmählich bergauf. Je höher man steigt, desto schöner ist der Blick auf den zurückgelegten Weg und die Täler des Hinterlandes. Im dichten submontanen Macchiawald wachsen neben Stechginster und Erika zahlreiche andere Pflanzen wie der Sandginster, *Cytisus triflorus*, Besenginster, Heidekraut, kleine Strandkiefern und Schneeballbäume, Stein − und Zerreichen, Edelkastanien und der nach Waldbränden überall wuchernde Adlerfarn.

Der Weg kehrt auf die Meerseite zurück und verläuft am Fuß des Monte Gaginara (771m) durch einen dichten aufgeforsteten Kiefernwald. Der Weg wird allmählich breiter und erreicht nach 50 Metern eine Schotterstraße und einen Weg, der von den Case Cravarone herAUFführt. Straße und Weg sind jeweils Verbindungsstrecken zu den Wegen 7 und 7b nach Vernazza bzw. Corniglia.

Der Weg steigt leicht an durch den Buschwald mit der bereits bekannten Pflanzenwelt und schöner Aussicht auf die Täler oberhalb von Vernazza und im Hintergrund auf das Vorgebirge Mesco. Nach dem Tal Scura geht der Weg weiter am Hang des Monte Gaginara entlang (wo das Tal Busotti seinen Anfang nimmt) durch einen dichten Wald mit Edelkastanien,

87

87. Das Vorgebirge Mesco

Hainbuchen, Haselnußsträuchern, einigen Zerreichen und Strandkiefern an den sonnigsten Stellen.

Die Edelkastanie wurde bis in die jüngste Zeit wegen ihrer Früchte gezüchtet; die Bäume mit einem einzigen Stamm sind in der Tat ziemlich distanziert, um der Baumkrone die größtmögliche Entwicklung zu garantieren.

Die Nahrungsstoffe dienen dem Baum für das Wachstum seiner sehr nahrhaften Früchte. Mischwald und Edelkastanienkultur sind beide künstliche Wälder, die dem menschlichen Eingriff zu verdanken sind. Daher sind sie gegen Parassiten anfällig und bilden eine «arme» Vegetation. Das bestätigt auch das Unterholz dieses Waldes, den man hier durchquert.

Immer wenn ehemaliges Kulturland aufgegeben wurde, faßte die ursprüngliche Baumvegetation wieder Fuß (Zerreichen, Hainbuche und auch hie und da neue Edelkastanienkeimlinge bilden den Jungwald). Nach einem Sattel steigt der Weg allmählich zum Bergkamm an und erreicht den auf den Monte Gaginara folgenden Gipfel. Auf einem weiteren Sattel, bevor der Weg an der Nordseite dieser Erhebung weiterführt, zweigt ein Weg ab in Richtung Casella.

Durch ein Wäldchen (Kastanie, Hainbuche, Strandkiefer, Haselnußsträucher) verläuft der Weg weiter an dem zum Tal Vara gerichteten Hang; auf einem weiteren Sattel vor dem Monte Castello, nicht weit von einer kleinen Erhebung, die man meerwärts umgeht, zweigt rechts der Weg 03 in Richtung Monte Baudara, Bovecchio und Pian di Barca ab. Letzterer Ort ist auch auf einem anderen Weg erreichbar, der 400m weiter vorne abzweigt.

Diese heute vergessenen Pfade führten im 11. und 12.Jh. zur Residenz der mächtigen Herren von Ponzò, die ausgedehnte Ländereien an der Meerseite ihr eigen nannten.

Das Wegstück bis zur nächsten Gabelung zeigt die gewohnte Macchiavegetation und einige wenige Strandkiefern. Weiter vorne wird die Pflanzenwelt differenzierter (Strandkiefern, Zerreichen und Edelkastanien, die Bodenvegetation besteht fast ausschließlich aus Adlerfarn und Besenginster).

Auf der gesamten Strecke entdeckt man oft die Spuren der Wildschweine, besonders dort, wo das Unterholz besonders dicht ist. Das Wildschwein ist das größte Tier des gesamten Gebiets der Cinque Terre. Mit seinem kräftigen Körper trassiert es regelrechte Wege in der Vegetation, die trotz ihrer geringen Höhe manchmal den Wanderer auf Irrwege führen können.

Das Wildschwein, dessen Exkremente man manchmal längs der Wege bemerkt (aufgrund ihrer Dimensionen ist keine Verwechslung möglich), gräbt mit der Schnauze und mit den Vorderhufen tiefe Furchen in den Boden. Das aufgewühlte Erdreich läßt keinen Zweifel aufkommen, daß hier ein solches Tier am Werk war und nach Knollen und Invertebraten suchte, von denen es sich vorwiegend ernährt.

Auf Waldlichtungen (eine ist Ausgangspunkt für den Weg 03) wächst auch die Espe, ein Baum, der größere Höhenlagen und Feuchtigkeit bevorzugt.

In der Tat kühlen die warmen, feuchten Meerwinde in dieser Höhe (800m) besonders schnell ab, wenn sie auf die kälteren Luftmassen an der Nordseite stoßen. Der in ihnen enthaltene Wasserdunst kondensiert sich zu stark anhaltender Bewölkung über den Bergkämmen; das trägt dazu bei, daß sich in diesem regenreichen «ozeanischen» Klima feuchtigkeitsliebende Pflanzen entwickeln wie der gemeine Stechginster.

Von diesem Sattel aus sieht man auf den Monte Castello; der Weg geht eben weiter biz zu einem folgenden Sattel mit einem trigonometrischen Signal aus Beton. Ähnliche stehen in Manarola und auf dem Monte Grosso.

Der Abstieg erfolgt durch einen Mischwald am Hang des Monte Castello. Man erreicht den Ausgangspunkt des Weges 04 nach Bertogna und Corvara; den Herren von Corvara gehörte wie den Ponzò im hohen Mittelalter der Großteil des meerseitig gelegenen Küstenstreifens.

Hierauf folgt ein kurzer Abstieg, der Weg wird breiter und bequemer und verläuft am nordseitig gelegenen Hang durch ein Kastaniengehölz, das mit der Technik des kontrollierten Feuers heute noch gesäubert wird.

Das Unterholz wird in Brand gesetzt und überwacht; die Asche liefert dem Boden kostbare Mineralsalze. Diese Technik laugt jedoch allmählich den Boden aus, läßt seinen Säuregehalt steigen und beraubt ihn der für die Pflanzen wichtigen, organischen Nährstoffe.

Auf diesem Stück kann man auch die zahlreichen Schlupflöcher der Maulwürfe sehen.

Anschließend verläßt man den Wald und gelangt wieder auf die Meerseite. Das Gebiet heißt Bandita di Vernazza gegenüber dem Malpertuso (812m), dem höchsten Berg des ganzen Gebiets, der ab einer gewissen Höhe ganz mit Macchia überwachsen ist.

Auch hier hat ein Waldbrand stattgefunden.

Auf der Sella di Prato Como gelangt man zu einer Gabelung: rechts führt der Weg 05 nach Corvara.

Diese Strecke führt zum Castellaro di Pignone: auf diesem Höhenweg, wie auch auf parallel dazu verlaufenden Talböden, hat sich mehr als ein Jahrtausend lang die Geschichte dieses Gebiets abgewickelt. Vom regen Warenverkehr, der Migration ganzer Familien, der Durchreise von geistlichen und weltlichen Herren, Soldaten und Hirten sind keine Spuren zurückgeblieben, aber all das hat zu den tiefgreifenden Veränderungen in diesem Gebiet entscheidend beigetragen.

Von Prato di Como geht eine Straße zum Weg 04, während die Markierung 1 durch die gewohnte submontane Macchia mit spärlichen Zerreichen, Kastanien und Adlerfarn weiterführt.

Jenseits des Gipfels des Pertuso bei einem kleinen Sattel senkt sich der Weg rasch in einen Mischwald (Kiefern und Edelkastanien), und das schattige, feuchte Klima läßt auf dem meist grasigen Boden die schon oftmals erwähnten Sträucher wachsen.

In einem kleinen Einschnitt gedeihen sogar Efeu und die Schwarzerle, ein Baum, der sonst die Bachufer bevorzugt.

Wir befinden uns jetzt am westlichen Hang des Malpertuso, nahe der Schotterstraße nach Foce Drignana.

Der Weg 1 verläuft ein kurzes Stück auf dieser Straße und durchquert einen vom Waldbrand heimgesuchten Strandkieferwald.

Auch hier besteht das Unterholz aus den wohlbekannten *Erica arborea*, Besenginster, jungen Strandkiefern sowie Edelkastanien.

Nach kurzer Zeit läßt sich die geologische Zusammensetzung des Gesteins besonders gut ausnehmen, das der Bau der Straße ans Licht gerückt hat.

Es handelt sich hier um die Übergangszone zwischen dem Sandstein von Riomaggiore mit seinen feinkörnigen hell-dunklen Schichten und dem Sandstein des Macigno, den man nunmehr betritt.

Zirka 100 Meter südlicher am Bergkamm bei Casa Rossi wechselt das Substrat noch einmal: das Gestein gehört jetzt zum Komplex von Canetolo. Dunkle, sehr feinkörnige Tonschiefer, schiefriger, brüchiger Kalkstein, und Kalkmergel in verschiedenen Graunuancen mit bläulicher Verfärbung an der Oberfläche sind hier auszunehmen.

Die Steineiche, als junger Baum schon im Kiefernwald gegenwärtig, setzt sich jetzt immer mehr durch, besonders am Fosso di Trasca. Dieser Steineichenwald ist äußerst dicht. Das sehr spärliche Unterholz besteht aus wenigen schattenliebenden Gewächsen wie das *Asplenium onopteris*, eine Farnart mit äußerst zarten, mehrmals unterteilten

Blättern, die den Eindruck eines dunkelgrünen Blättermosaiks erwecken.

Die Bäume haben Triebe von 6-7 Metern Höhe, das Holz wird regelmäßig geschnitten, mit längeren Intervallen als bei der Edelkastanie, da die Steineiche langsamer wächst.

Diese Eichenart, der die Forstwirtschaft keine besondere Bedeutung zumißt, die aber ausschlaggebend ist für das ökologische Gleichgewicht, wird als Brennholz genutzt.

Vor nicht allzulanger Zeit gewann man aus Steineiche auch Kohle durch die langsame und unvollständige Verbrennung der harten, kompakten Stämme.

Das widerstandsfähige Holz der Steineiche findet Verwendung für Getriebe und für einer großen Abnutzung ausgesetzte Holzteile.

Das langsame Wachstum und die harte Holzqualität machen jedoch andere Baumarten konkurrenzfähiger, weil die Bearbeitung weniger mühsam ist. Fast überall hat der Mensch im Laufe der Zeit die Steineiche durch Edelkastanien und Kiefern ersetzt.

Vormals wurden in den Steineichenwäldern freilaufende Schweine gezüchtet, wie heute noch die Kühe der Maremma.

Am Weg Nr.1 trifft man heute die Steineiche wieder häufiger an, denn dort, wo alte Kulturen aufgegeben wurden, wächst sie wieder spontan und läßt in kurzer Zeit die spontane Buschvegetation wieder zum Wald anwachsen.

Der dunkle, schattige Wald ist mit jungen Steineichen bestanden. Dieser Baum, der seiner Größe nach zur dritten Kategorie gehört, erreicht bis zu 25 Metern; hier muß er sich aber noch entwickeln, bis daß zwischen den hohen Baumkronen das Sonnenlicht wieder bis zum Boden durchdringt und hier wieder eine üppige Bodenvegetation wachsen kann.

Die Nutzung des Steineichenwaldes ist ungewöhnlich für Ligurien, da er, wie gesagt, gerade für die Stellen charakteristisch ist, die für die Forstwirtschaft nicht mehr als ertragreich erachtet werden.

Der Weg verläuft weiter auf einem Stück asphaltierter Straße, einem Teilstück, auf dem wieder der Sandstein von Riomaggiore an die Oberfläche tritt, eingeschlossen in den Komplex von Canetolo.

Das bezeugt uns die Komplexität der geologischen Zusammensetzung dieses ligurischen Küstenstreifens.

In der Folge geht der Weg geradeaus, etwa 100 Meter bergab bis Foce Drignana, wo die Markierung 8 nach Vernazza führt. In einem kleinen Tal zeugen viele kleine Häusergruppen von alten Siedlungen in diesem Gebiet.

Strecke Foce Drignana (500m ü.d.M.) – Madonna di Soviore (470m ü.d.M.)

Markierung wie bisher, Höhenunterschied insgesamt 150m; Länge 4km; 1.30 Std.

Leichtes Auf und Ab, schöne Ausblicke, tlw. auf Asphaltstraße. In Soviore: Geschichte und Kunst, Restaurants, Cafès, Geschäfte, Trinkwasser Telefon etc.

Beschreibung des Wegs

Ab Foce Drignana verläuft der nicht mehr asphaltierte Weg aufwärts in Richtung Levanto.

Der nicht ganz straßenbreite Weg durchquert ein dichtes Steineichengebüsch, das regelmäßig für Brennholz genutzt wird. Längs des Weges wächst eine reichhaltige Bodenvegetation: Adlerfarn, Brombeergestrüpp und Stechginster. Blick auf den Monte Albereto und die Straße nach Pignone.

Allmählich ist im Wald wieder die Strandkiefer vertreten, vornehmlich an sonnigen und höheren Lagen.

Der Weg verläuft jetzt am Meerhang und wird zusehends enger. Es öffnet sich ein Blick auf die Berge um Vernazza. In Richtung Küste lassen sich San Bernardino und

das Dach der Wallfahrtskirche von Reggio ausnehmen.

Das Gestein rundum ist Teil des Komplexes von Canetolo, später stößt man wieder auf den Sandstein, der die ganze übrige Strecke kennzeichnet.

Der Weg verläuft wieder bergwärts unter der Kuppe des Bergs Santa Croce durch einen Kastanien – bzw. Kiefernwald. Ein Brand hat auch hier Gestrüpp und Adlerfarn wachsen lassen.

Zahlreich sind auch die Spuren und Höhlen verschiedener Tiere: neben von Eichhörnchen angenagten Kieferzapfen kann man dort und da die Spuren von Wildschweinen und Wühlmäusen ausnehmen.

Am nördlichen Hang in einem kleinen Talboden wachsen zahlreiche Farn- und Moosarten, Gebirgsflora wie die *Euphorbia dulcis*, die Geranie, das *Galium rotundifolium*, ein Stück weiter sogar eine junge Birke.

Diese Baumart findet hier auf einer Lichtung in niedriger Höhenlage das von ihr bevorzugte Klima: Feuchtigkeit, Sonneneinstrahlung, sandigen, leichten Boden, wie ihn der zersetzte Sandstein bildet.

Hier wurde ein Grabstätte aus sechs Steinplatten aufgefunden, die die mit einem Stein verschlossene Urne mit der Asche eines antiken Ligurers aus dem 2.Jh.v.Chr. enthielt.

Auf dem Sattel zwischen den zwei Bergen, ca. 10 Meter oberhalb der Straße der Wallfahrtsorte, steht eine Jagdhütte, von der man einen schönen Blick auf den nahen Mesco genießt.

Der Weg mündet auf dem Colle Termine in die Asphaltstraße und wendet sich wieder auf die Nordseite der Wasserscheide. Im Kiefernwald sind wiederum deutlich die Spuren überstandener Brände zu sehen.

Im Unterholz sind Erika, Stechginster, Zistrosen (*cistus foemina*), Heidekraut und Farn vertreten; weiter talwärts ist ein regelrechtes Gebüsch aus Adlerfarn zu sehen.

Vom Colle Termine geht man weiter auf

der Asphaltstraße oder auf einem vom WWF und der Freiwilligen Feuerwehr trassierten Weg: dieser führt auf den Monte Soviore und geht dann bergab bis zur Ortschaft. Sowohl der Weg als auch die Straße verlaufen durch Strandkieferwälder.

Auch hier sind Brandspuren deutlich. Auf dem letzten Kilometer bis Soviore sind keine Aspekte mehr erwähnenswert.

Im Endstück öffnet sich ein schönes Panorama auf Monterosso und den Mesco.

Um auf die Piazza mit der Wallfahrtskirche zu gelangen, gibt es verschiedene kleine Varianten in linker Richtung.

Am besten nimmt man gleich den ersten Weg links, der direkt zur Hinterseite der Kirche (14.Jh.) führt.

Soviore ist ältesten Ursprungs. Auch hier wurde ein Grab wie das vorhin beschriebene (Monte Santa Croce) aus dem 2.Jh. v.Chr. aufgefunden.

Die Beigaben dieser Grabstätte bestanden aus einem Becher und einem Krug.

Die Gegenwart des Menschen geht hier bis auf die prähistorische ligurische Kultur zurück. Hier verlief schon damals ein erstes Stück Küstenstraße, die von den Römern über den Colle Termine nach Pignone und ins Tal Vara weitergeleitet wurde.

Der Einfall des Langobarden Rhotari im Jahre 640 n. Chr. ist von Legenden umwoben. Einer Hypothese zufolge sollen die Einwohner des zerstörten Gebirgsdorfs Albereto nach Soviore geflüchtet sein; eine andere These wieder versucht zu beweisen, daß es sich um ein und denselben Ort handle.

Wie dem auch sei, es wird überliefert, daß die ehemaligen Einwohner ein Madonnenbildnis hier vergruben und daß hundert Jahre später eine Taube zu seiner Auffindung — es war unversehrt — beitrug.

Der Ort dieses Ereignisses ist jedoch nicht die Stelle, wo sich heute die Kirche erhebt und in der dieses Geschehnis durch Fresken dargestellt wird, sondern die Stelle an dem etwas tiefer gelegenen Weg 9 nach

88

88. Wallfahrtskirche Madonna di Soviore

Monterosso, an der sich eine Kapelle aus dem 17.Jh. befindet.

Die Wallfahrtskirche in Soviore wird zum ersten Mal in einem Dokument aus dem Jahr 1125 erwähnt, aber aus dem Baumaterial läßt sich schließen, daß ihre Gründung viel weiter zurückliegen muß. Es liegt nahe, eine Gleichzeitigkeit mit dem Einfall Rhotaris zu vermuten.

Kapitelle und Steinblöcke des ursprünglichen Baus sind um das Gotteshaus verstreut und wurden bei der ersten Neuerrichtung wieder verwendet.

Die Kirche bewahrt eine interessante hölzerne Pietà (Madonna mit sterbendem Christus) aus dem 15.Jh. nordischen Ursprungs.

Soviore ist sicher der am meisten besuchte Wallfahrtsort der Cinque Terre, es gibt gute Unterkunftsmöglichkeiten, Privatzimmer, Restaurants, Cafés und nicht zuletzt einen schönen Kirchplatz mit herrlicher Aussicht auf Monterosso und den Mesco, bei klarem Wetter auch auf die Ligurischen Alpen und die Seealpen.

Feiertage mit Volksfest sind der 7. Juli, der 15. August und der erste Sonntag nach dem 8. September.
Vom Kirchplatz ab geht der Weg 9 nach Monterosso.

Strecke Madonna di Soviore (470m ü.d.M.) − Sant'Antonio del Mesco (302m ü.d.M.)

Markierung wie bisher, Höhenunterschied insgesamt 230m; Länge 6km; 2Std.

Restaurant auf dem Colle di Gritta, schöne Ausblicke; geologische und architektonische Aspekte.

Beschreibung des Wegs

Auf der Asphaltstraße von Soviore nach Colle di Gritta; bergwärts ein schütterer Strandkieferwald − meerwärts ein Robinienwäldchen zur Konsolidierung des Terrains nach dem Bau der Straße. Die Robinie ist eine sehr genügsame Pflanze, wächst besonders schnell in die Tiefe wie in die Höhe, ist daher für abschüssige Stellen zum Schutz vor Absacken des Erdreichs besonders geeignet.
Die Vegetation zeugt wiederum von überstandenen Waldbränden. Nur «feuerfeste» Pflanzen können den verbrannten Boden wieder besetzen. Dieses neue Ambiente differenziert sich vollkommen von der Pflanzenwelt vor dem Brand, nicht nur durch die Abwesenheit gewisser Flora, sondern auch durch Veränderungen, die weniger ins Auge stechen.
Das Fehlen der Pflanzendecke führt dazu, daß der Regen den Boden auslaugt und den fruchtbaren Humus «wegwäscht», während in den tieferen Schichten chemische Prozesse stattfinden: der Boden wird säurehaltiger und arm an organischen Substanzen.
Die Folge ist ein trockenes Terrain, das nicht mehr in der Lage ist, das Regenwasser zu speichern. Die starke Sonneneinstrahlung trocknet den Boden immer mehr aus und macht ihn unfruchtbar. Bei diesen Bedingungen überleben nur wenige Pflanzen wie die Zistrosen und die Kiefern (hier *c. foemina* und Strandkiefer), deren Samen den Brand zu überleben vermögen. Andere Arten wiederum treiben neu aus dem Baumstumpf aus (Erika, Erdbeerbaum, Steineiche, Ginster) oder wie der Adlerfarn aus den Wurzeln, die vom Feuer verschont geblieben sind.
Das ist leider das immer wiederkehrende Landschaftsbild bis zum Ende der hier beschriebenen Strecke. Das Gestein, auf dem man geht, bietet jedoch eine größere Differenzierung. Nach abwechselnden sandsteinhältigen und pelitischen Schichten, die für den Sandstein von Riomaggiore charakteristisch sind, stößt man bei der ersten Kehre nach rechts auf dunklen Tonschiefer des Komplexes von Canetolo in einem Muttergestein, das Elemente verschiedener Zusammensetzung in sich trägt.
Ursache dafür sind sehr alte Verschiebungen und Brüche im Meeresboden, deren Ablagerungen in der Folge großem Druck und verschiedenen Strömungen ausgesetzt wurden. Die enormen Druckverhältnisse, die zu diesen Prozessen führten, sind auch in den gefalteten und gebrochenen Sandsteinschichten zu erkennen, denen man auf dem folgenden Teilstück begegnet.
Auf der ganzen Strecke wechseln Gesteine dieser Formation ab; unterhalb des Colle di Gritta werden in Kürze die Häuser von Levanto sichtbar.
Am felsigen Wegrand wächst eine ganze Reihe von Pflanzen, die sonnigen, trockenen Boden bevorzugen: darunter sind die *Inula viscosa* (am Wegrand und auf unbebautem Land), der Stechginster, die *Centaurea lunensis*, die *Centaurea aplolepa*, die Strohblume, die *Odontites lutea*, die Spornblume,

die Trespe und das Knäuelgras erwähnenswert. Zwei Kehren vor Colle di Gritta fällt eine dichte Aufeinanderfolge von fast vertikalen Schichten ins Auge.

Das weniger erodierbare Gestein besteht aus grauem, feinkörnigem Kalkstein, der aufgrund seiner Farbe «Palombini-Kalk» genannt wird. Die brüchigeren Schichten sind aus blättrigem dunkelgrauem Schiefer, manchmal mit rötlicher Verfärbung an der Oberfläche. Diese Gesteine gehören zur geologischen Formation des Monte Veri; an der Kreuzung der Straßen, die nach Levanto und Monterosso führen, treten Gabbro- und auf der anderen Seite Serpentinlager ans Tageslicht.

Vom Colle di Gritta hat man einen Blick auf die Gebirgszüge um Levanto und Monterosso sowie auf die zurückgelegte Wegstrecke.

Gleich nach dem Restaurant zweigt die Markierung 12 nach Levanto ab. Diese Strecke war früher das Endstück des Weges Nr. 1.

Die heutige Markierung 1 steigt sofort durch den Kiefernwald zum Monte Molinelli an. Durch die hohen Baumkronen der Kiefern filtert relativ viel Licht: im Unterholz wachsen viele mediterrane Pflanzenarten wie roter Wacholder, Sarsaparille und Krapp.

Über den Bergkamm, auf dem Hang oberhalb von Levanto, wächst ein Edelkastanien – und Steineichenwald, während in Richtung Monterosso die Flora nach einem Waldbrand der Strecke gleicht, die wir gleich nach der Ortschaft Soviore angetroffen haben.

Das Gestein rund um Gipfel gehört immer noch zum Komplex des Monte Veri, aber der Tonschiefer wird immer häufiger von kalkhaltigem Sandstein unterbrochen. (Dieser Sandstein ist es auch, der den Weg mit feinem Sand überzogen hat.

Gerade längs des Wegs finden wir auch eine kleine, bunte Jaspislinse, die durch eine gewisse Härte und Konsistenz gekennzeichnet ist.

89

89. Waldweg auf dem Mesco

Ab dem Gipfel Molinelli löst ein weiteres Gestein den Sandstein ab: bis Levanto befinden wir uns nun auf dem Serpentin der Supergruppe des Vara-Tals.

Das Gestein besteht aus großen Blöcken mit heller oder dunklerer Farbe, manchmal mit blauen oder violetten Nuancen.

Die glatten, oft glänzenden Oberflächen sind bei Berührung leicht fettig, ein Belag von Steatit überzieht nämlich dieses Gestein.

Außerdem sind einige große, helle, glänzende, leicht wellige Pyroxenkristalle zu sehen, daneben auch helle Chrysotiladern und dunklere Bastitkristalle.

Serpentinhältiger Boden ist sehr arm, sei es, weil dieses Gestein nur wenig erodiert und wenig neue Erde liefert, sei es, weil der Serpentin viel Magnesium enthält, ein Element, das für viele Pflanzen schädlich ist. Daher ist die Ansiedlung der Flora hier äusserst problematisch und die Zuführung von organischen Substanzen sehr gering. Auch nach Bränden erholt sich die Pflanzenwelt hier nur mühselig, da durch die Erosion des Regens an vielen Stellen der bloße Fels zutagetritt.

Nur die Pflanzen, die die äußerste Trockenheit zu überstehen in der Lage sind, können sich hier ansiedeln.

Dazu gehören der Thymian, die *Iberis umbellata, Santolina ligustica, Plantago serpentina*, (die trotz ihres Namens auch anderswo gedeiht), die Wolfsmilchgewächse und ein kleiner Strauch, die halbkreisförmige *Euphorbia spinosa*.

Diese gräbt ihre Wurzeln tief in den steinigen Boden, um das wenige Wasser zu erreichen, das hier eindringt. Besonders auf Bergkämmen in sonnigen Lagen schützt sie sich durch eine besondere aerodynamische Form, um nicht – wie die Wäsche in der Sonne – vollkommen ausgetrocknet zu werden.

Auf der Paßhöhe zwischen Molinelli und dem Monte Rossini kreuzt man einen Weg, der von Levanto (rechts) über Casa Cafaggio nach Monterosso führt, Allmählich öffnet sich der Ausblick auf das Tal von Levanto und die Häusergruppen auf den Hängen hinter der Ortschaft.

Auf der folgenden Steigung in Richtung Monte Rossini begegnet man einem neuen Substrat: dem Gabbro, einem Intrusivgestein aus – mit bloßem Auge sichtbaren – Diallagkristallen, die in eine helle Masse von Plagioklaskristallen eingeschlossen sind.

Auf dem Monte Rossini befinden sich 200 Meter nach dem Gipfel zwei kleine, in den Gabbro eingeschlossene Grünschieferkerne, die rotbraun verfärbt sind.

Der Grünschiefer ist ein Effusivgestein, bestehend aus einer grünlichen Matrix (bei frischem Schnitt); es entstand an der Meeresoberfläche aus derselben basischen Lava, die am Meeresboden in großer Tiefe erstarrte und den Gabbro entstehen ließ.

Der Weg führt weiter in einen Strandkiefernwald, die Vegetation ist die der mediterranen Küste (*Cistus foemina*, immergrüner Kreuzdorn, Myrte, *Erica arborea*) vermischt mit Pflanzen höherer Lagen wie Heidekraut, Ebereschen sowie junge Strandkiefern.

Obwohl die Waldbrände hier nicht so viel Schaden angerichtet haben, läßt sich doch aus der Vegetation schließen, daß der Boden hier säurehaltiger und an Nährstoffen ärmer geworden ist.

Auf dem Monte Rossini ist die Aussicht wirklich grandios. Der Blick geht von Fegina und Monterosso vecchia bis zum Muzzerone und auf die Inseln Palmaria und Tino; weiters auf die Küstenorte Vernazza, Corniglia, Manarola und auf das Gebiet Montenegro.

In westlicher Richtung sieht man Levanto, die Vorgebirge von Bonassola und Framura bis zur Punta Manara.

Bei ganz klarer Sicht erscheinen in der Ferne die Halbinsel von Portofino und sogar die Seealpen.

Man steigt ein Stück abwärts und dann wieder bergauf bis zum nicht besonders hohen Gipfel Montenegro.

Hier geht man weiter auf dem schon beschriebenen Serpentingestein.

Erst auf dem Monte Vé (oder Focone) nach dem Telefonmasten kurz vor einem Sattel wechselt wieder die geologische Zusammensetzung: es geht weiter auf Sedimentgestein, das zur Formation des sogenannten «Palombini-Tons» gehört.

Längs des Weges werden in der Tat kleine Schichten aus grauem Kalktonschiefer und kalkhältigem Sandstein sichtbar, die von dunklen Toneinlagerungen durchzogen sind.

Ab und zu stößt man auch auf Palombini-Kalkstein (wie der Name besagt, von typischer «taubengrauer» Farbe).

Auf dem Sattel kreuzt man den Weg Fegina – Casa Ciletto – Levanto, der durch das Gebiet Tiro a Segno und die aufgegebenen Bergwerke führt.

Um die geologischen Informationen abzuschließen, muß noch gesagt werden, daß man nun auf dem Osthang des Monte Vè vorbei an Casa Bagari mit seinen heute verlassenen Terrassenkulturen zur Gottero-Formation gelangt.

Diese besteht aus grobkörnigem Sandstein und Kieselkonglomeraten mit einem Durchmesser in der Größe von 2mm bis über 10cm; es handelt sich vorwiegend um Sedimentgesteine. Der Gottero-Stein ist eine Art natürlicher Beton; seine Härte hat das zackige Profil des Vorgebirges Mesco und den hervorkragenden Gipfel des Monte Vè bedingt.

Die Vegetation ist im wesentlichen dieselbe wie bisher.

Interessant ist die veränderte Perspektive, die man von diesem Aussichtspunkt hat: vor unseren Augen liegen die wichtigsten Berggipfel der Cinque Terre. Anhand der Karte kann man sie einzeln ausnehmen und die Ortschaften, Wanderwege und Straßen bestimmen.

An der südwestlichen Meerseite geht der Blick auf das Tal des Rio Gatta. Hier sind die Spuren der Brände weniger deutlich und die Kiefern scheinen – wenigstens von der Ferne – nicht darunter gelitten zu haben.

Am Wegrand stehen meterhohe Bäume und das Unterholz mit mediterraner Macchia bezeugt uns die Nähe des Meeres. Der Weg verläuft weiter am Kamm in Richtung Süden, über zwei kleine Erhebungen, dann abwärts bis zu einer Kreuzung und zu einem kleinen, sehr alten Wachtturm.

Der enge Pfad links führt zur Markierung 10 nach Monterosso, rechts verläuft dagegen der Weg 1 nach Levanto. Das Stück geradeaus, das von der Kreuzung zum «Semaforo del Mesco» führt, durchquert einen vom Brand im Jahr 1986 stark verwüsteten Wald.

Von der Kirche Sant'Antonio (15.Jh.) und dem Zönobium aus dem Jahr 1000 sind nur mehr Reste erhalten: das gotische Portal mit Spitzbogen, Stücke der linken Mauer, der Apsis und der Grundmauern des Kampanile.

Hier hatte ein Turm die Aufgabe, die Bewohner gegen die Einfälle der Sarazenen zu warnen, die jahrhundertelang die Gegend verunsicherten. Immer wenn die Mönche unbekannte Schiffe sichteten, entzündeten sie ein Feuer, um die Bevölkerung von Monterosso davon in Kenntnis zu setzen.

Im Jahre 1548 plünderten jedoch 10 türkische Schiffe die Ortschaft und entführten den Großteil der Frauen und Kinder. Seit damals wurde eine Wachpatrouille eingesetzt: zwei Wachposten überwachten bei Tag und bei Nacht den Küstenstreifen. Nicht umsonst wurde auf diesem strategisch wichtigen Ort der «Semaforo» erbaut, ein Leuchtturm, der den Schiffen das Festland signalisierte.

Nachdem er aufgegeben worden ist, entsteht jetzt aus seinen Ruinen eine Herberge für Naturfreunde. Es erübrigt sich, die Schönheit des Panoramas zu unterstreichen, das man hier genießt.

Strecke Sant'Antonio (302m ü.d.M.) – Levanto (0m ü.d.M.)

Markierung wie bisher, Höhenunterschied insgesamt 60m; Länge 5km; 1.30 Std.

Leicht begehbarer Weg, schöne Aussicht; naturwissenschaftliche Aspekte, Kunst in Levanto.

Beschreibung des Wegs

An der Kreuzung des Wachtturms (kurz zuvor biegt links der Weg 10 nach Monterosso ab) verläuft der Weg weiter bergab auf dem Sandstein des Gottero durch einen dichten, üppigen Kiefernwald.

Es lohnt sich, ab und zu zurückzuschauen und die Strecke bis zum Semaforo und die Küste bis zur Punta Mesco mit den Überresten der Kirche Sant'Antonio zu überblikken.

90

91

90. Samtkopfgrasmücke
91. Grasmücke

Die Macchia rundum besteht aus Steineichen, Gestrüpp und immergrünen Sträuchern, die durch Kletterpflanzen wie den wilden Asparagus, Geißblatt, Sarsaparille und Krapp ineinander verstrickt sind. Aus Krapp wurde Alzarin gewonnen, ein Farbstoff, der im und nach dem Mittelalter zur Herstellung von hellblauer Farbe verwendet wurde.

Meerwärts kann man die Möwen beobachten, etwas weiter landwärts den Turmfalken auf der Jagd nach Insekten oder kleinen Vögeln im Unterholz (Grasmücke, Samtkopfgrasmücke, Dorngrasmücke), die Schutz und Nahrung im Gestrüpp suchen.

Auf einer solchen Pflanzendecke werden sich in der Folge junge Steineichen entwikkeln.

Die Vegetation schützt das Erdreich vor Wind und zu starker Sonneneinstrahlung, d.h. vor zu starkem Austrocknen, sodaß die Samen dieses Baums hier ihre idealen Lebensbedingungen finden. Das Gesträuch (Erika, Myrte, Ginster, immergrüne Rose) werden nicht höher als 4-5m wachsen und mit der Zeit von der Steineiche verdrängt werden. Die einzigen Baumarten, die dann noch konkurrenzfähig sind, sind die Aleppokiefer und der Erdbeerbaum.

Das Steineichenlaub bildet während des Wachstums des jungen Baumes ein dichtes, grünes Dach, durch das das Licht nur indirekt den Boden erreicht. Das Unterholz ist darum zum Untergang verurteilt. Erst wenn der Wald voll ausgereift ist, nimmt ein neuer Wachstumsprozeß seinen Anfang.

Die «stärkeren» Pflanzen haben den Kampf mit den «schwächeren» siegreich bestanden, durch die weiter distanzierten Baumkronen filtert nun genügend Licht, um das Wachsen einer üppigen Bodenvegetation zu ermöglichen. Auf diese Weise bildet sich ein ideales Ökosystem für das Leben von Pflanze und Tier – den Menschen eingeschlossen.

Im Mittelstück dieser Strecke haben die Steineichen noch nicht dieses Stadium erreicht, aber trotz des noch unvollständigen Wachstumsprozesses ist es bereits möglich, diese Veränderungen zu beobachten.

Solche Wälder bedeckten ursprünglich fast vollständig diesen Küstenstreifen.

Bei Casa Lovara hat man heute wieder verschiedene landwirtschaftliche Aktivitäten aufgenommen, die für vereinzelte Bauernhäuser typisch waren: Weinterrassen, Olivenbäume, Gemüse – und Obstgärten, Gehege für Ziegen und Hühnerställe sind scheinbar willkürlich um die zwei Häuser verstreut.

Kurz darauf erreicht man auf ebenem Weg Casa Nuova (eine Sonnenuhr ist auf der Südseite zu sehen) und anschließend das kleine Tal des Rio La Gatta, der nahe der gleichnamigen Punta ins Meer mündet. Die Vegetation rundum besteht aus einer dichten «Pineta» aus gleich großen Strandkiefern.

Vor einigen Jahren richtete ein Brand besonders in diesem Punkt großen Schaden an.

Auf dem trockenen, verbrannten und ausgelaugten Boden begannen jedoch nach kurzer Zeit die Samen der Kiefern wieder zu keimen.

Leider geschieht es nur zu häufig, daß hier so heftige Brände ausbrechen, besonders wenn ein starker Wind die Flammen schürt.

Im vom Feuer erhitzten Kiefernholz findet eine Art Distillationsprozeß der Harze statt, wegen deren dieses Holz so geschätzt wird.

Die hohe Entzündbarkeit dieser Verbindung führt zu einer verheerenden Kettenreaktion, die die sich um die Baumkronen bildenden Gase explodieren läßt.

Die hohen Temperaturen führen zur vollständigen Verbrennung und Verkohlung des Stammes. Auf der Erde bleiben nur Asche und spärliche, organische Reste, die der Regen jedoch bald zusammen mit den Humusschichten wegschwemmt.

Dies geschieht jedesmal, wenn die Erdoberfläche nicht mehr von der Bodenvegetation

geschützt wird. Das im Boden enthaltene Steinsalz kann von den Pflanzen nicht mehr assimiliert werden.

Nur wenigen Arten gelingt es, bei diesen schwierigen Bedingungen zu überleben.

Hier am Rio Gatta ist es der Strandkiefer gelungen, andere säurehaltige Erde liebende Pflanzen wie die hie und da wachsenden Heidekraut, Erikagewächse und Zistrosen zu verdrängen und von der Bodenoberfläche fast vollständig Besitz zu nehmen.

In einem Dickicht von Gewächsen, wo die Pflanzen in Konkurrenz zueinander stehen, entwickeln sich auch oft Krankheiten, die das ökologische Gleichgewicht noch mehr in Frage stellen.

Nach diesem kleinen Teilstück, in dem Kiefernwald und mediterraner Buschwald abwechseln, erreicht man die Wasserscheide auf einem Hügelkamm (zwischen den Bäumen öffnen sich schöne Ausblicke).

Jenseits des Grabens Fosso Lovara gelangt man auf das kleine Vorgebirge Rocca spaccata, von wo aus man eine herrliche Aussicht auf die darunterliegende Punta Spiagga, ein weiteres Vorgebirge, Punta Bonassola, Punta Framura, Punta Manara und bei klarer Sicht bis nach Portofino und auf den ligurischen Apennin bis zu den Alpen hat.

Größte Vorsicht ist auch hier geboten. Wie auf einer Tafel zu lesen ist, ist hier der deutsche Universitätsprofessor und Physiker Wilhelm Maier aus Freiburg tödlich verunglückt.

In den Felsritzen kann man zahlreiche Gekkoarten beobachten, aber auch Mauereidechsen, die bissige Bachnatter, die sich von Eidechsen ernährt.

Diese Kaltblüter brauchen für ihre Wärmeregulation eine besonders intensive Sonnenbestrahlung, ein Risiko, das sie durch mimetische Färbung – besonders im jungen Alter – auszugleichen versuchen.

Auf den Felsen wachsen das *Sedum reflexum*, die *Cineraria marina*, die Raute und die *Euphorbia spinosa*.

Im weiteren Verlauf wird die Macchia besonders dicht: neben jungen Steineichen, immergrünem Kreuzdorn, Terebinthe und *Erica arborea* wachsen besonders an der Meerseite Aleppokiefern und immer zahlreicher auch Flaumeichen und größere Steineichen.

Über einen kleinen Hügelkamm hinweg bietet sich ein weiterer Ausblick: die kleine Insel Nero, die private Straße zum Weiler Case San Carlo und zum darunterliegenden Strand.

Die Gegend wird teilweise bebaut: Weinberge, ein paar Olivenhaine (teilweise bereits aufgegeben) und Gemüsegärten der Ortschaft San Carlo erreicht man nach einem kleinen Auf und Ab (Aussicht!); dann kurzer Abstieg nach einer Gabelung vor besagten Häusern in das Tal San Carlo.

Im kleinen Tal durchquert man ein Steineichenwäldchen mit fast 10 Meter hohen Bäumen, vermischt mit einigen Flaumeichen und Hainbuchen.

Der ziemlich dichte Wald ließ keine reiche Bodenvegetation entstehen.

Sie besteht aus Erika, Lorbeerschlinge, Geißlatt, Heckenrosen, Asparagus, Krapp, Sarsaparille und anderen mediterranen Pflanzenarten.

Die Siedlung Case San Carlo erstreckt sich auf einer Schutthalde des oberhalb verlaufenden Gottero-Sandsteins, die sich heute zum Großteil gefestigt hat. Spuren älterer Erdrutsche sind auszunehmen, größere Felsblöcke sind durch feineren Schutt gebunden.

Die Kulturen wurden hier aufgegeben, ehmalige Wein-und Oliventerrassen und Gemüsegärten sind von Gestrüpp überwuchert.

Die Wälder werden noch teilweise genutzt: Spuren von forstwirtschaftlichen Aktivitäten findet man sowohl im Wald als auch vereinzelt bei den Höfen.

Bündel aus Erikazweigen zeugen dort und da von der Gewohnheit, das Unterholz für Brennzwecke zu nutzen.

Im ganzen Tal von Levanto sammelte man noch bis vor kurzer Zeit die Wurzeln dieses Strauchs, kochte sie 48 Stunden lang, um das Tannin daraus zu entfernen; besonders geschulte Fachkräfte schnitzten aus diesem Holz kunsthandwerkliche Pfeifen.

Der Wurzelstock der Erika ist besonders hart und feuerfest. Darum haben ihn die Seeleute dieses Gebiets gewöhnlich als «tragbaren Kamin» benutzt, wie auf vielen Illustrationen zu sehen ist.

Der Weg führt weiter zu einer anderen Häusergruppe inmitten von schönen Weinbergen und Obstgärten.

Einige exotischen Pflanzen schmücken den Ort, nach der Tradition der ligurischen Seeleute, die aus fremden Ländern solche Pflanzen als Erinnerung mitzubringen gewohnt waren.

An einem dieser Häuser ist noch ein Ring zu sehen, an den Pferde und Maultiere festgebunden wurden.

Auffallend ist eine Reihe von Faltenbildungen an einer senkrechten Wand. Es handelt sich um Schichten der Formation «Palombini-Ton», die hier eine Aufeinanderfolge von Tonschiefer, Kalktonschiefer, und kalkhaltigem Sandstein zeigen.

Dieses Gestein löst jetzt nach einigen hundert Metern den Gottero-Sandstein ab und begleitet uns auf dem Weg bis Levanto.

Durch verlassene Kulturen, Wiesen mit mediterraner Macchia (Trespe, Erika, Brombeergesträuch) erreicht man Casa Giglio, einen malerischen Weiler, der dem vorhergehenden nicht unähnlich ist. Wenn man sich umdreht, hat man einen schönen Blick auf die Küste bis Punta Gatta.

Anschließend geht der Weg weiter auf der Asphaltstraße.

Bei Casa Spianatta sind im Restaurant «La Giada del Mesco» die alten Geräte für die Weinbereitung ausgestellt.

Es folgt ein ziemlich langes Teilstück auf der Straße mit schöner Aussicht. Nach einem größeren Bauernhaus auf der rechten Seite geht der deutlich rotmarkierte Weg links anfänglich längs einer Treppe bergab in das Tal von Levanto, das an der Küste sichtbar wird.

92. Mesco, die «schwarze Klippe»

93

94

Dahinter sind die Berge des Tals des Rio Ghiarano zu sehen.

Anschließend durchquert man auf einem teilweise zwischen Mauern verlaufenden Schotterweg ein bewirtschaftetes Gebiet, das hauptsächlich als Wiese genutzt wird. Im Frühjahr blühen hier Gartenanemonen, wilde Schwertlilien und kleine Orchideenarten.

Auch die spärliche Pflanzenwelt auf Wegrand und Trockenmauern soll nicht unerwähnt bleiben: hier wächst vor allem die Glockenblume var. *media*, auch Glockenblume der Toskana genannt, die im Nordwesten Italiens endemisch ist.

Nach einem kleinen Taleinschnitt, wo sich ein schöner Blick auf das kleine Vorgebirge La Pietra bietet, dessen Bildung auf einen Lavastrom aus Urgrünstein auf dem Meeresboden zurückgeht, geht es auf einem Hügelkamm bergab bis zu den ersten Häusern von Levanto.

Dieses letzte Stück säumt ein wunderschöner Pinienhain.

Unter der Betonschicht des letzten Teilstücks wechselt die Zusammensetzung des Gesteins nochmals: es besteht jetzt aus Serpentin, einem metamorphischen, dun-

93. Der Gecko ist hier auf felsigem Boden, aber auch in bewohnten Gebieten sehr verbreitet

94. Die *Campanula media* ist in Norditalien endemisch

kelgrünen (schlangengrünen) Gestein, das aus einer nicht gleich auf den ersten Blick wahrnehmbaren kristallinen Masse zusammengesetzt ist.

Das Gestein ist brüchig und von Steatit überzogen, der bei Berührung den Eindruck eines fetthaltigen Belags hervorruft.

Außerdem kann man helle, glänzende, leicht stufige Pyroxenkristalle und Chrysotiladern von einigen Millimetern Durchmesser ausnehmen.

Kurz darauf bildet der Weg die Trennlinie zwischen dem Serpentin (links) und dem Gabbro (rechts), einem Intrusivgestein aus weißen Plagioklaskristallen um einen Kern aus grünen Diallagkristallen.

Der Weg verläuft jetzt zwischen kleinen Villen am Stadtrand von Levanto. Eine Tafel an einer Hauswand erinnert an G. Marconi, der mit seinen Experimenten eine telegraphische Verbindung mit Santa Margherita herstellte.

An einer Gabelung geht der Weg links zum Platz vor dem mittelalterlichen Castello di Sant'Andrea, um dann über eine im Zick-Zack verlaufende Treppe an der Strandpromenade zu enden.

Levanto

Ehemals Feudalbesitz der Malaspina und der Da Passano. Im Jahre 1229 wurde es an die Republik Genua abgetreten, die ihrerseits dem Ort beachtliche Privilegien gewährte. Levanto konnte außer seinen Statuten auch eine völlige Verwaltungsautonomie beibehalten.

Der noch gut erhaltene Maurerring umschließt den östlichen Teil der Ortschaft. Hier stehen die Kirchen Santa Maria della Costa (die leider sehr vernachlässigt erscheint) und Sant'Andrea in ligurischem gotischem Stil mit der typischen weiß-grau gestreiften Fassade und einer sehr delikaten Rosette aus weißem Marmor.

Auf der Piazza del Popolo ist eine mittelal-

terliche Loggia aus dem Jahr 1264 mit romanischen Kapitellen sehenswert. Hier versammelten sich die Notabeln des Orts.

Die «Casa Restani», früher Rathaus und im Mittelalter Sitz der Hauptmannschaft, stammt aus dem 15. Jh. Die eleganten Spitzbogenarkaden gehen auf das 13. Jh. zurück.

Das mittelalterliche Castello di Sant'Andrea wurde von den Malaspina im 11. Jh. errichtet und von den Genuesen zusammen mit der Stadtmauer ab dem 14. Jh. wiederholt umgebaut. Nicht weit von der Stadtmauer ist noch ein alter Steinbruch zu sehen, wo der «Rosso von Levanto», ein sehr geschätzter Baustein, abgebaut wurde.

Wanderweg Nr. 2 – Vorbemerkung

Der Weg mit der Markierung 2 verbindet Riomaggiore mit Monterosso. Es ist zweifellos die bekannteste und eine der frequentiertesten Wanderrouten in den Cinque Terre und in Ligurien überhaupt.

Außer einigen Teilstücken zwischen Vernazza und Monterosso ist er ein bequemer, gut markierter Wanderweg.

Eine hier ausnahmsweise weiß-blaue Markierung verbindet in Küstennähe die fünf Ortschaften, die den Cinque Terre ihren Namen geben.

Dieser alte Maultierpfad bestand schon zur Zeit der Seerepublik, als Genua hier seine Handelsbeziehungen entwickelte und Vernazza zu Mittelpunkt und Hafen für seine Aktivitäten bestimmte.

Das einzige Stück neueren Datums ist die «Via dell'Amore», der sogenannte Liebesweg.

Es ist nicht möglich, für diese Route eine bestimmte Zeitangabe festzusetzen, da die 5 Wegstunden für die Strecke Riomaggiore – Monterosso ohne die Besichtigung der fünf Orte berechnet sind.

Es ist aber kaum denkbar, daß jemand den

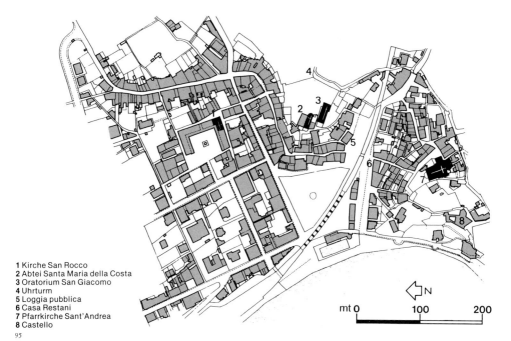

1 Kirche San Rocco
2 Abtei Santa Maria della Costa
3 Oratorium San Giacomo
4 Uhrturm
5 Loggia pubblica
6 Casa Restani
7 Pfarrkirche Sant'Andrea
8 Castello

95

95. Plan von Levanto

96

97

96. Levanto, Kirche Sant'Andrea
97. Levanto: Fischer bei der Wartung ihrer Boote

Weg zurücklegt, ohne einen wenn auch kurzen Besuch in den Küstenorten einzukalkulieren.

Aus diesem Grund haben wir hier eine Beschreibung für jeden Ort vorgesehen. Ausgangspunkt ist Riomaggiore.

Riomaggiore

Die ersten historischen Quellen, in denen dieser Name Erwähnung findet, gehen auf das 13. Jh. zurück.

Die Gründung der Küstensiedlung erfolgte durch die Bewohner der dahinterliegenden Hänge und Bergkämme.

Riomaggiore hat die typische «Stufenstruktur» der Küstenorte, die am Ende tiefeingeschnittener Gebirgstäler auf einem minimalen Talboden liegen.

Die ältesten Häuser sind charakteristische, wie Reihenhäuser angeordnete Turmhäuser: drei bis vier Stockwerke hoch mit nicht mehr als zwei Räumen pro Stockwerk.

Der Bau der Eisenbahn hat die urbanistische Struktur des Orts tiefgreifend verändert, indem sie den «Borgo dei Pescatori» (d.h. das Fischerviertel) vom bergwärtig gelegenen «Borgo dei contadini» (Viertel der Bauern) trennte.

In erhöhter Lage steht die Pfarrkirche San Giovanni Battista (s. Plan).

In nordwestlicher Richtung auf einem Hügel erhebt sich die gegen die Einfälle der Sarazenen errichtete Burgfestung (15.-16. Jh.).

Die Kirche San Giovanni Battista (Pfarrkirche des Täufers)

Sie wurde 1340 nach Genehmigung durch den Bischof von Luni, Antonio Fieschi, errichtet, um den Bewohnern den beschwerlichen Weg bis zur auf halber Höhe gelegenen Wallfahrtskirche Madonna di Montenero zu ersparen.

Die beachtlichen Dimensionen des Gotteshauses belegen die Bedeutung des Orts in der damaligen Zeit.

Sehenswert sind die schönen Spitzbogen der drei Kirchenschiffe.

Ein Kruzifix aus Holz stammt von A.M. Maragliano. Die «Predigt des Täufers» wird Domenico Fiasella zugeschrieben. Interessant ist auch die mechanische Orgel Agati aus dem Jahr 1851.

Strecke Riomaggiore (20m u.d.M.) – Manarola (10m ü.d.M.)

Markierung weiß-blau, Höhenunterschied insgesamt 30m; Länge 1km; 20min.

Sehr bequemer Weg, schöne Aussicht, interessante naturwissenschaftliche Aspekte.

Beschreibung des Wegs

Die heutige Strecke zwischen Riomaggiore und Manarola, die den poetischen Namen «Via dell'Amore» trägt, entstand zwischen 1926 und 1928 während des Baus der Doppelstrecke der Eisenbahn.

Aus dieser Zeit stammt das alte Pulverdepot, das noch vor der Klippe «Scoglio dei Pesci» zu sehen ist.

In früherer Zeit folgte man dagegen einem kleinen Weg, der mit etwas Vorsicht auch heute noch begangen werden kann: Vom Piazzale della Rocca in Riomaggiore geht eine kleine Brücke über den Kanal Ruffini und dann steigt der Weg steil an (schöne Aussicht) bis zur Costa di Corniolo; von dort geht es ebenso steil bergab durch die Weinberge von Manarola bis zur Piazza Castello und über eine Treppengasse zur Via Rollandi.

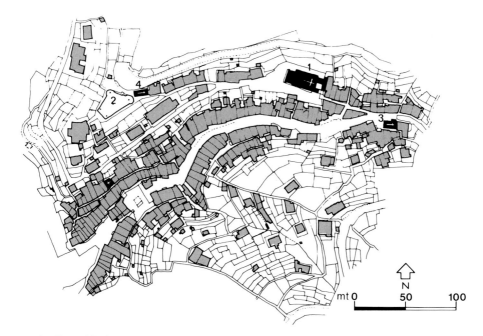

1 Kirche San Giovanni Battista
2 Castello
3 Oratorium der «Disciplinati»
4 Kapelle der Hl. Rocco und Sebastian

98

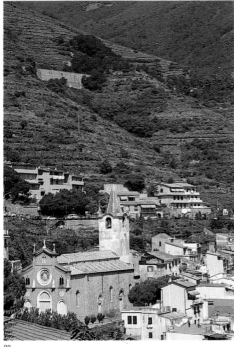

99

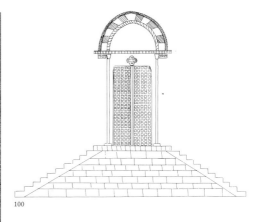

100

98. Plan von Riomaggiore

99. Riomaggiore, Kirche San Giovanni Battista

100. Riomaggiore, Portal der Kirche San Giovanni Battista

Der Weg 2 beginnt dagegen am Bahnhof von Riomaggiore mit einer kleinen Treppe, die sofort auf die Felsenklippen der Küste führt.

Das erste Stück zeigt uns eine große Vilefalt exotischer Pflanzen wie Mittagsblumen, *pittosporum*, Agaven und etwas weiter auch Feigenkakteen, die in diesem trockenen Klima besonders gut gedeihen. Unter den Mittagsblumen unterscheidet man hier an der Küste 2 Arten: den *Carpobrotus acinaciformis* mit großer roter Blüte und gelbem Staubblatt, eine Pflanzenart, die in Südafrika auch «Hottentottenfeige» genannt wird (sie wird von den Einheimischen gegessen) und den *Carpobrotus edulis* mit gelben Blüten.

Auf der ganzen Wegstrecke hat man einen herrlichen Ausblick auf den Sandstein von Riomaggiore.

Die andauernde Erosion und die Erdrutsche, die so oft die «Via dell'Amore» gefährden, lassen die ca. 10cm breiten Schichten ans Tageslicht treten. Der untere Teil dieser Schichten besteht aus feinkörnigem, hellgrauem (braunem, wenn verfärbt) Sandstein, der unmittelbar in eine pelitische Schicht übergeht.

Die Schichten zeigen verschiedene Arten von Faltungen: Stehende, schiefe und überkippte Falten; Brüche, Druck - Erosions - und Strömungsspuren.

Unter dem Weg fallen die Schichten fast vertikal zum Meer ab; dazwischen staut sich das Meerwasser auch für längere Zeit. In diesen kleinen Becken lebt eine Fauna, die den hohen Salzgehalt zu überleben vermag. (Oft kann man die Salzkristalle mit bloßem Auge ausnehmen).

Auf diese Art wurde früher auch Meersalz für den Haushalt gewonnen, eine kostbare Ware, die mehr oder weniger illegal in andere Küstenorte oder ins Hinterland exportiert wurde.

Längs dieses in den Felsen gehauenen Wegs findet man auch eine ganze Reihe von Pflanzen, die typisch für die gesamte Küstenlandschaft sind: im Fels gedeiht der Meerfenchel, die Meerkohlrübe, die Zinerarie, die Levkoje, die Raute und die seltene *Brassica robertiana* subsp. *oleracea*, eng verwandt mit dem Kohl.

Etwas weiter von der Strandlinie entfernt überwuchert die Vegetation fast vollkommen das Gestein: sie besteht aus Wolfsmilch, Mastixbaum, immergrünem Kreuzdorn, großen Büschen von *Atriplex halimus*, Aleppokiefern und zahlreichen anderen Macchiagewächsen. Auf diesem wirklich sehr reizvollen Wegstück begleiten uns mit ihrem Flug Möwen, Mehlschwalben, während sich die Wellen an den Klippen brechen.

Dort wo sich der Weg etwas ausweitet, zeigen sich wieder rechtwinklig gefaltete Sandsteinschichten; anschließend wird der Weg wieder zu einem engen Steig, eingeschnitten in Tonschieferfelsen (Komplex von Canetolo).

Auf einer dünnen Schicht von Felsen dieser Formation befindet sich auch der Bahnhof von Corniglia.

Auf diesem Teilstück der Steilküste bei Manarola, dort wo die Erosion des Meers die Felsen freigelegt hat, läßt sich eine Aufeinanderfolge von Schichten beobachten: schuppiger und blättriger, schwärzlicher Tonschiefer, darauf kalk − und mergelhältige Schichten verschiedener Körnigkeit und Dichte (von wenigen Millimetern bis zu den 20 Metern ca. eines Mergellagers, das sich in der Nähe von Manarola befindet).

Wie bei der Punta Bonfiglio findet man hie und da verstreut auch Lager, die zum Komplex von Canetolo gehören. Dieses Phänomen läßt sich auf Erdrutsche oder auf tektonische Veränderungen am Meeresboden zurückführen.

Das letzte Stück bis Manarola hängt quasi über den Schienen unter Terrassenkulturen, auf denen die einzelnen Anbauflächen durch Erikahecken vor dem Wind geschützt sind.

Bevor man zum Bahnhof hinuntersteigt und durch den Tunnel die Ortsmitte er-

101

101. Die «Via dell'Amore»

reicht, lohnt es sich, der kleinen Betonpyramide ein bißchen Aufmerksamkeit zu schenken.

Auch dieses trigonometrische Signal (vgl. Weg 1) ist für die Schiffahrt bestimmt.

Manarola

Der auf einem steilen Vorgebirge aus dunklem Fels liegende Ort besitzt einen kleinen, zwischen Klippen eingebetteten Hafen.

Seine Gründung geht – scheint es – auf die Römerzeit zurück, als die Bewohner von Volastra dieses Küstengebiet besiedelten.

Die Ortschaft entwickelte sich längs der Mündung des Wildbachs Volastra (verläuft jetzt unterirdisch); von dieser Hauptachse

aus zweigt eine ganze Reihe von steinbepflasterten Gäßchen zu den Häusern und Gärten an den Hängen des Vorgebirges ab. Parallel zur Hauptachse verläuft die sogenannte «Via di Mezzo», die vor der Überdeckung des Flußbetts eine wichtige Verkehrsverbindung darstellte.

Bergwärts erhebt sich über den Ort die Pfarrkirche Mariä Geburt, die von den Einwohnern auch Chiesa di San Lorenzo genannt wird (s. Plan).

Die Kirche Mariä Geburt

Obwohl die Kirche heute diesen Namen trägt, wird sie im allgemeinen als Kirche des Hl. Lorenz bezeichnet, dem ursprünglich die Pfarrkirche von Volastra geweiht war, die bedeutendste Kultstätte der Umgebung. Sie wurde 1338 erbaut, zeigt eine einfache,

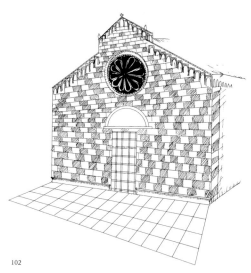

102. Manarola, Kirche San Lorenzo

*O chiese di Liguria, come navi
disposte ad essere varate!
O aperti ai venti e all'onde
liguri cimiteri!*

*O, Kirchen in Ligurien, Schiffe,
bereit, in die See zu stechen!
O, ligurische Friedhöfe,
geöffnet dem Wind und den Wellen!*

Von hier ist der Ausblick auf Manarola wirklich grandios! Nachdem man einen kleinen Hügelkamm erreicht hat, gelangt man in Kürze zu einer Abzweigung nach Volastra.

An der Gabelung befindet sich ein der Madonna geweihter Bildstock, in dessen Nische ein Wanderer bei Unwetter Unterschlupf finden kann. Der Blick geht von hier auf das Vorgebirge von Corniglia, dahinter auf den Mesco, wo die Tonschieferschichten des Komplexes von Canetolo auf den Sandstein von Riomaggiore stoßen. In diesem Gebiet befindet sich ein relativ großer Strand, der hier infolge des Baus der Eisenbahn gebildet wurde und hie und da neues abgesacktes Erdreich vom dahinterliegenden Hang erhält.

In der Nähe von Manarola finden wir dagegen im Tonschiefer, den die Erosion des Meers modelliert hat, auch einige Grotten. Der in den Schichten enthaltene Kalkstein wurde hier vom nachts besonders kohlendioxydhältigen Meerwasser aufgelöst. Dieses Gas wird von den Algen bei Fehlen des Sonnenlichts produziert, läßt den Säuregehalt des Wassers steigen und löst den Kalk aus dem Gestein, das so der Erosionskraft der Wellen gegenüber weniger widerstandsfähig wird.

Das Meerwasser löst den Kalk viel besser als das Regenwasser auf; dieser Prozeß kommt auch tagsüber nicht zum Stillstand, sondern wird durch das Aerosol, das die Wellen bewirken, weitergeführt. So höhlt das Meer die besonders kalkhaltigen Schichten allmählich aus und läßt Einbuch-

gotische Fassade mit strahlenförmiger Rosette. Das Innere, eine dreischiffige Basilika, wurde im Barock renoviert.

Das Gotteshaus bewahrt beachtliche Werke aus dem 15.Jh., darunter ein Triptychon mit dem Hl. Lorenz zwischen den Heiligen Antonius und Bernardino. Auf der Fassade ist ein Basrelief zu sehen, das das Martyrium des Heiligen darstellt und den ursprünglichen Namen der Kirche belegt.

Strecke Manarola (10m ü.d.M.) – Corniglia (90m ü.d.M.)

Markierung wie bisher, Höhenunterschied insgesamt 120m: Länge 3km; 1 Std.
Schönes Panorama, naturwissenschaftliche und anthropische Aspekte; auf halber Strecke befindet sich ein Strand; Trinkwasser, Café, Bahnhof von Corniglia.

Beschreibung des Wegs

Gleich nach Manarola kommt man an einem schönen Friedhof vorbei, der die Verse des Dichters V. Cardarelli veranschaulicht:

103. Manarola

104

104. Strand von Corniglia

tungen oder auch Grotten wie hier entstehen.

Auf diesem ersten Teilstück bewegen wir uns in einer dichten Macchia aus Steineichen, aber die häufigste Pflanzenart ist sicher die *Euphorbia arborea*, die wohl als einzige in Sommer ihre Blätter verliert. Während der warmen Jahreszeit beginnt für sie eine Latenzperiode, die erst im Herbst mit den ersten Regenfällen ihr Ende findet.

Dieses Phänomen ist charakteristisch für die Tropenpflanzen und ein Beweis dafür, daß dieses Gewächs im Tertiär (d.h. vor über einer Million Jahren) an den Küsten des Mittelmeers wuchs, als hier tropisches Klima herrschte.

Im Quartär, als warme und kalte Perioden abwechselten, wobei letztere in vier Eiszeiten gipfelten, war die Existenz dieser Pflanze bedroht.

Nur an besonders warmen und trockenen Küstenstrichen wie hier, an der nördlichsten Grenze ihrer Verbreitung, findet die Euphorbia noch die notwendigen klimatischen Bedingungen.

Ihre Zweige enthalten eine leicht giftige Flüssigkeit; mit zerstampften Zweigen stellte man früher einen Fischköder her, der für gewisse Fische giftig war und es den Fischern erlaubte, sie mit bloßen Händen aus dem Wasser zu ziehen.

Die tödliche Dosis für diesen originellen Fischfang war für den Menschen völlig ungefährlich.

Der Weg senkt sich leicht bis zum Strand; hier kann man sehen, an wie vielen Stellen Erdrutsche stattgefunden haben. Diese Ablagerungen aus abgesackten Terrassenkulturen und Mauerresten werden dann von einer sehr vergänglichen Flora besiedelt, von Macchiagewächsen mit ausgeprägten Wurzeln und relativ kleinem, am Boden anliegenden Pflanzenstiel, die auf diesem noch nicht gefestigten, immer von der Erosion des Meeres bedrohten Boden überleben können.

Auf dem ebenen Wegstück befanden sich früher die Schienen der Eisenbahn, die 1870 eben auf diesem Weg zwischen Monterosso und Corniglia verlief und später bergwärts verlegt wurde. Als vor dreißig Jahren die doppelgleisige Linie durch einen Tunnel fertiggestellt wurde, ist dieser Küstenstrich zu seiner alten Naturbelassenheit zurückgekehrt. Übrig blieben nur die Schutz − und Stützmauern der ehemaligen Linie, die der zerstörerischen Kraft immer neuer Erdrutsche ausgesetzt sind. Dieses Phänomen läßt sich besonders dort beobachten, wo ehemaliges Kulturland aufgegeben wurde.

In altem Geröll wächst wieder eine spezifische Pflanzenwelt, aus der manchmal der rauhe Schrei der Samtkopfgrasmücke dringt. Dieser kleine, aschgraue Vogel ist der Grasmücke sehr ähnlich. Es unterscheidet ihn vor allem ein größerer schwarzer Fleck auf dem Kopf, der sich bis unter die Augen fortsetzt. Das Auge hat außerdem eine rote Umrandung. Dieser Singvogel verteidigt mit Nachdruck sein Territorium in der Macchia, wo er sich vor allem von Insekten ernährt.

Der Weg überquert anschließend das Tal Asciutta (das trockene Tal); origineller weise sprudelt aber gerade an der Wegkreuzung eine Quelle aus dem Boden. Regenwasser und kondensierter Dunst dringen durch die Erdspalten in die Tiefe und sammeln sich, anstatt in den Furchen der Oberfläche abzurinnen. Dort wo eine Bruchlinie durch Kalkablagerungen und Geröll undurchdringlich wird, wird das Wasser nach oben gedrängt und es tritt so wie durch ein Wunder in einem vollkommen trockenen Tal an die Oberfläche. Das Wegstück, das von hier zum Tal Molinello führt, zeigt mehrere solche Brüche und wird deshalb früher oder später ins Meer absacken. Über Kanäle wird hier das Sandsteingeröll zur Küste hinuntergeleitet, wie man an diesem Punkt gut beobachten kann.

Anschließend durchquert man ein sehr reizvolles Gebiet, die sogenannten «Bungalows» (Sitz des Dorfs «Europa», am Strand von Corniglia) und gelangt an den fast senkrechten Taleinschnitt des Rio Molinello. Erdrutsche im oberen Teil gefährden die darunterliegenden Terrassenkulturen von Porciano. Dort, wo sich heute der Bahnhof von Corniglia befindet, stand einst eine alte Kastanienmühle, von der heute leider keine Spur mehr zu sehen ist. Von hier aus erreicht man zuerst auf asphaltierter Straße, dann auf einem ebenen, gekachelten Weg längs der Eisenbahn die Treppengasse zur Ortsmitte. Diese «scalinata» aus Backstein war früher der Stolz der Einwohner von Corniglia und stellte eine wichtige Verkehrsverbindung dar. Am Treppenansatz (93m Höhe) bietet sich ein großartiger Blick auf die zurückgelegte Strecke, die rosaroten Häuser Manarolas auf schwarzem Fels, den langen Strand, die vom Erdrutsch gefährdeten Hänge und − links − auf die Weinberge von Rodalabia, die auf abgerutschtem Erdreich angelegt wurden, das sich vorübergehend gefestigt hatte. Heute sind sie jedoch von der Erosion des Meeres bedroht. Jenseits der Asphaltstraße geht der Weg weiter in die Ortschaft. Bei einem kleinen Brunnen zweigt der Weg 7a zu den Case Pianca und nach Cigoletta ab; noch einige Schritte und man erreicht die Kirche San Pietro, an deren Hinterseite die Spuren einer älteren Fassade aus dem Jahr 1000 und ein Basrelief mit einem Hirschen, dem Symbol des Ortes, zu sehen sind. Dieses Tier braucht einen relativ großen, vom Menschen nicht erfaßten Lebensraum; in diesem Zustand befand sich sicherlich das Gebiet der Cinque Terre um das Jahr 1000, als hier die Kirche San Pietro mit dieser scheinbar nebensächlichen Abbildung errichtet wurde.

Corniglia

Ein Teil der Forschung spricht dem Ort römischen Ursprung zu. Von allen anderen

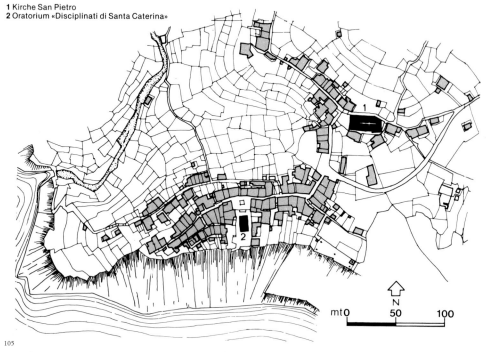

N
mt 0   50   100

105

105. Plan von Corniglia

Orten der Cinque Terre ist es der einzige, der eine höhere Lage einnimmt. Corniglia erhebt sich in der Tat auf einem Vorgebirge, einer Meerterrasse, in 100m Höhe auf einer senkrechten, unzugänglichen Felsenwand. Eine lange Treppe führt vom Bahnhof zur Ortschaft. Auch die urbanistische Struktur Corniglias gleicht eher den Orten im Hinterland: die Häuser sind im allgemeinen niedriger und entwickeln sich längs der Hauptstraße. Die Pfarrkirche San Pietro (s. Plan) ist eine der interessantesten Bauwerke ligurischer Gotik in den Cinque Terre. Überreste der alten genuesischen Festungsanlagen sind in die Friedhofsmauern einbezogen worden.

Die Kirche San Pietro

Auf den Resten einer Kapelle aus dem 11.Jh. wurde sie 1334 errichtet. Wie gewöhnlich sind (vorwiegend) gotische Formen mit barocken vermischt. Die einfache, reine Fassade mit einer weißen Marmorrosette aus Carrara-Marmor bewahrt heute noch die Formen ligurischer Gotik des 14.Jh.

Im Inneren ein Taufbecken aus dem 12.Jh. und auf dem Altar des rechten Kirchenschiffs ein Poliptychon, das die Meister darstellt. Unter dem Kirchplatz befindet sich ein Gebäude mit gotischen Arkaden aus schwarzem Stein. Der Überlieferung nach soll hier eine Posthaltestelle der Familie Fieschi gewesen sein.

Strecke Corniglia (90m ü.d.M.) – Vernazza (10m ü.d.M.)

Markierung wie bisher, Höhenunterschied insgesamt 150m; Länge 4km; 1.30 Std.

Sehr schöne Aussicht, anthropische und naturwissenschaftliche Aspekte.

106

106

107

106. Corniglia, Kirche San Pietro
107. Corniglia, alte Fassade der Kirche San Pietro

Beschreibung des Wegs

Am Ortsende von Corniglia hat man inmitten von Weinbergen einen schönen Blick auf die Ortschaft und auf die Siedlung San

Bernardino auf einem Sattel oberhalb des Hangs Guvano.

Durch Weinberge verläuft der Weg weiter, unter den Lauben wird die lockere, oft umgegrabene Erde sichtbar, die mit verschiedenen organischen Substanzen (Geäst, Reste der Weinbereitung, Lupinensamen) gedüngt wird.

Oft sieht man dort und da auf den Terrassen Haufen mit derlei Material.

Das Niveau der Terrassen ist meerwärts normalerweise etwas tiefer als die Ränder der Trockenmauern, die sie einsäumen; dadurch werden die Südwinde abgehalten (besonders der «Libeccio» und der «Scirocco»), die in den Cinque Terre besonders heftig sind.

An den Seiten der Terrassen führen kleine Kanäle und Furchen das überflüssige Regenwasser ab.

Ohne diese Vorrichtungen würde der Boden Gefahr laufen, sich mit unnötigen Wassermengen vollzusaugen und würde dann die Trockenmauern zum Einstürzen bringen.

Das Wasser rinnt dagegen zwischen den einzelnen Terrassen längs der Wege ab, die manchmal den Anschein von Wildbächen erwecken.

Die künstlichen Trockenmauern haben eine künstliche Vegetation entstehen lassen: hier finden wir Spornblumen, das *Polypodium australe*, das Nabelkraut, Mauerpfeffer, *parietaria officinalis* u.s.w.

In den Löchern der Trockenmauern leben zahlreiche Tiere, am häufigsten ist wohl die Mauereidechse in dieser Gegend vertreten.

Sobald man die Asphaltstraße Corniglia – San Bernardino erreicht, zweigt der Weg 2 ab zu einer Rundbogenbrücke, die den fast immer wasserführenden Rio Groppa überquert.

Kurz darauf zweigt rechts der Weg 7b ab in Richtung Case Fornacchi.

Wir befinden uns hier inmitten eines Olivenhains. Das schattige Wäldchen läßt eine reichhaltige Wiesenvegetation wachsen: Wilde Schwertlilien, Gartenanemonen,

108

108. Corniglia

herrliche kleine Orchideen, Kuckuckslichtnelken, Jungfern im Grünen.

Auf den Wiesen sind im Frühling eigenartige, große, hellgrüne «Blüten» zu sehen. Dabei handelt es sich aber um keine echte Blüte, sondern um die Blütenscheide der Aaronwurz, eines Unkrauts, das einen Geruch von verwesendem Fleisch ausströmt und dadurch die Insekten anlockt. Die Insekten gleiten in die Blütenscheide bis zu einer Art Gehäuse, wo sich männliche und weibliche Blüten befinden. Ein behaarter Ring öffnet sich erst nach der Befruchtung, die Härchen fallen ab, und so können die nützlichen Gefangenen wieder ihre Freiheit erlangen.

Nach der Brücke Canaletto steigt der Weg wieder weiter durch Olivenbäume an, später durch mediterrane Macchia. Hier oben ist ein schöner Aussichtspunkt. Der Blick geht auf Corniglia und auf der gegenüberliegenden Seite auf das Vorgebirge Punta del Luogo, auf den Hafen, das Gebiet Massolina, den Hang Guvano und seinen gleichnamigen Strand.

Auf den ersten Blick erkennt man bereits, daß die drei Hänge dieses natürlichen Amphiteaters ein ausgesprochen instabiles Terrain darstellen.

Unterhalb von San Bernardino betrifft dieses Phänomen den Tonschiefer des Komplexes von Canetolo, östlich der Kirche außerdem auch den «Palombini»-Kalkstein.

Die dritte Schutthalde bildet sich an der Kontaktlinie zwischen dem Sandstein von Riomaggiore und dem mehrmals erwähnten Komplex von Canetolo.

Dieses Material wird durch fortgesetzte Ablagerungen in Bewegung gesetzt, rollt längs eines Kanals meerwärts, breitet sich fächerartig aus und wird schließlich von der Erosion des Meeres erfaßt.

Am Strand sind noch die Anlagen zu sehen, die zum Schutz der alten Eisenbahnlinie errichtet wurden (heute verläuft die Strecke im Tunnel): Wellenbrecher, Mauern, Kanalisierungsanlagen für Wildbäche und Regenwasser. Auch das Grundwasser trägt zur Ablösung der Schichten, ihrer Zertrümmerung und ihrem Abrutschen bei.

Das Substrat auf diesem Hügelkamm besteht zudem aus Kalkstein «Groppo del Vescovo», dann Tonschiefer Canetolo und Sandstein von Riomaggiore.

Der Weg verläuft zum Teil auf der Kontaktlinie zwischen den zwei Formationen. Auf eine Verschiebung von Gesteinsschollen folgt die Absackung des Erdreichs.

109

109. Prevo

Die Vegetation erholt sich erst jetzt wieder langsam von einem verheerenden Waldbrand.

Kulturen gibt es so gut wie keine mehr, und das landschaftlich so reizvolle Tal wirkt von der Nähe etwas desolat. Dazu tragen auch Müll und Abfallreste bei, die leider ständig diesen Halt am Weg 2 verunzieren.

Danach kreuzt man eine Aspaltstraße, die zum 100m höher gelegenen San Bernardino führt.

Am Strand von Guvano überquert man den Talboden und steigt wieder an (mit schöner Aussicht auf Corniglia) durch einen schütteren Kiefernwald, dem es nicht gelungen ist, den lockeren Boden zu festigen.

Kurz darauf erreicht man Prevo, den höchsten Punkt dieses Wanderwegs (200m), eine malerische Häusergruppe, bei der rechts ein weiterer Weg nach San Bernardino abzweigt. Die Markierung 2 läßt Prevo hinter sich. Ein Madonnenbildnis mit Inschrift ist hier sehenswert.

An einer Gabelung führt links eine Treppe in die Olivenhaine unterhalb des Orts. Das ist das Anfangsstück der Variante 2b, die – vorbei an einem Brunnen – längs einer Terrasseneinfriedung direkt über dem Meer (phantastische Aussicht) weiterführt. Am Ortsende von Prevo (die Häuser werden gerade renoviert) geht die Markierung 2 geradeaus durch teilweise noch genutzte Olivenhaine.

Von hier bis ans Ende der Strecke begleitet uns mit kurzen Unterbrechungen der Blick auf die Punta Mesco. Der Pfad senkt sich ziemlich rasch, bis er am Ende kleiner Treppen wieder mit der Variante 2b zusammenfällt.

Im Anschluß durchquert man verlassene, wieder von der Macchia überwucherte Olivenkulturen.

Besonders üppig wächst hier die Wolfsmilch an den zum Meer abfallenden Steilwänden. Geologisch gesehen befinden wir uns wieder auf dem Sandstein von Monterosso.

Die Pflanzendecke besteht aus *Sedum (reflexum, dasyphyllum, telephium)*, Spornblume und gelbem Löwenmaul, einer seltenen, wenn auch hier häufiger vorkommenden Blume, deren Verbreitung auf die nordwestliche Küste des Mittelmeers beschränkt ist.

Kurz vor Vernazza bietet sich wieder ein großartiger Ausblick. Von hier ist es möglich, das ganze, soeben durchquerte Gebiet Macereto zu überblicken.

In höheren Lagen wurde das felsige Amphitheater sozusagen ausgehöhlt, die zu Tal rutschenden Fels – und Erdmassen haben zahlreiche Terrassenkulturen mitgerissen, wurden aber von den Anlagen der alten Eisenbahnlinie aufgehalten, obwohl auch diese nunmehr nutzlosen Mauern keinen dauerhaften Halt mehr bieten. Auch der Weg 2 wurde teilweise von einem neuerlichen Erdrutsch betroffen.

Oberhalb von Vernazza sind die Sandsteinschichten parallel zum natürlichen Gefälle überfaltet, sodaß man vom Weg aus große Oberflächen der Schichten überblicken kann.

Die Brüche im Gestein lösten große Platten und Felsblöcke, die sich an gewissen Stellen stauen oder am Fuße der Steilküste lagern.

An einem kleinen Wachthäuschen aus früherer Zeit zweigt rechts der Weg 7 nach San Bernardino und Cigoletta ab. Hier lohnt es sich, das Augenmerk auf die reichhaltige Pflanzenwelt zu richten, deren Namen uns im einzelnen schon bekannt sind.

Einige majestätische Agaven stechen sofort ins Auge: diese Pflanze stammt aus Mexico und wurde im Jahr 1561 nach Europa gebracht.

Sie akklimatisierte sich mühelos an den Küsten des Mittelmeers, wo sie auf Kulturland, felsigem Boden und auch am Wegrand zu sehen ist.

Erst nach 10-20 Jahren blüht sie und damit ist auch ihr Lebenszyklus beendet. Die Blüte hat einen langen, schuppigen Schaft und trägt Tausende von kleinen Blumen (bis zu zehntausend).

Die Fortpflanzung erfolgt auch durch kleine neue Triebe.

Vorbei an einem kleinen, mittelalterlichen Wachtturm Abstieg nach Vernazza. Schöner Blick auf den Ort und seinen kleinen Hafen.

Bevor man den Ort besichtigt, lohnt sich ein Blick auf eine Felsspalte südlich der Bucht.

Diese «Grotte des Teufels» entstand, wie die Grotten zwischen Manarola und Corniglia, durch Auflösung der Kalkschichten des Gesteins und gleichzeitige Erosion durch die Wellen (s. Strecke Manarola-Corniglia).

Vernazza

Dieser Ort verfügt als einziger über einen natürlichen Hafen. Historische Zeugnisse belegen uns das Prestige und den Wohlstand, die es zur Zeit der Seerepublik genoß.

Neben den typischen Turmhäusern, die man auch in Monterosso, Manarola und Riomaggiore sehen kann, stechen hier edlere architektonische Formen hervor. Die Häuser sind mit Loggien, Arkaden und verzierten Portalen ausgestattet.

Die Siedlung entwickelte sich längs des Wildbachs Vernazzola, der heute überdeckt ist.

Auf der Piazza erhebt sich direkt am Hafen die Pfarrkirche Santa Margherita di Antiochia (s. Plan); in etwas höherer Lage sind die Befestigungsanlagen der Seerepublik noch teilweise erhalten.

Der Ort hatte damals eine außerordentliche kommerzielle und strategische Bedeutung.

Die Kirche Santa Margherita di Antiochia

Wie viele andere Kirchen der Cinque Terre wurde auch diese an der Stelle eines früheren Gotteshauses errichtet, mehrmals umgebaut und erweitert.

Deshalb erscheint ihre ursprüngliche Struktur heute völlig verändert.

Der Grundriß ist der einer dreischiffigen Basilika, der Baustil ligurische Gotik. Auffallend ist der achteckige Kampanile (40m hoch), der sich von den Kirchtürmen der anderen Orte stark unterscheidet. Das Fest der Heiligen fällt auf den 20. Juli. Es wird mit einem Volksfest gefeiert.

Festungsanlagen

Die Seerepublik Genua erweiterte und konsolidierte die Befestigungen, die hier von den ansässigen Familien zum Schutz vor den Sarazenen eingerichtet worden waren. Vernazza wurde deshalb auch «castrum», befestigter Ort, genannt.

Diese Anlagen bestanden aus einem Mauerring und der Festung («Castello»), einem Bollwerk mit zylindrischem Turm, direkt an der Steilküste.

110. Vernazza

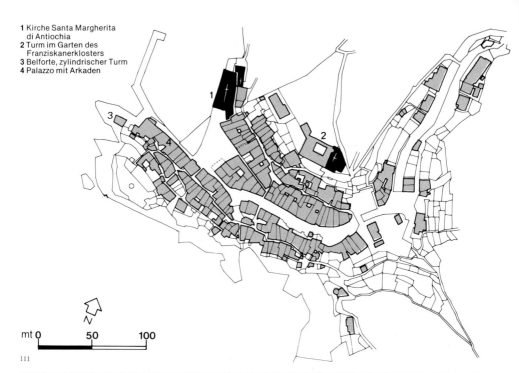

1 Kirche Santa Margherita
di Antiochia
2 Turm im Garten des
Franziskanerklosters
3 Belforte, zylindrischer Turm
4 Palazzo mit Arkaden

mt 0   50   100

111

112

111. Plan von Vernazza

112. Blick auf Vernazza vom Meer aus; links die Pfarrkirche Santa Margherita di Antiochia

Strecke Vernazza (10m ü.d.M.) – Monterosso (0m ü.d.M.)

Markierung wie bisher, Höhenunterschied insgesamt 260m; Länge 3km; 2 Std.

Schöne Aussicht, teilweise etwas beschwerlich, naturwissenschaftliche Aspekte.

Beschreibung des Wegs

Über die Via Ettore Vernazza verläßt man den Ort. An Arkaden und Portalen der letzten Häuser vorbei geht der Anstieg steil durch bebautes Land.
Schöner Ausblick auf Vernazza und seine Bucht. Nach einem kurzen Stück wird die Schiene einer Zahnradbahn sichtbar, die hier für landwirtschaftliche Zwecke gebaut wurde.
Der Weg verläuft anfänglich zwischen Olivenhainen und Weinbergen, die bald darauf von der gewohnten Macchia abgelöst werden.
Auf der ganzen Strecke wechseln Kulturland und Macchia miteinander ab.
Es lohnt sich, hier die Pflanzenwelt etwas näher zu betrachten. An flacheren Stellen bedeckt dichtes Gesträuch die Erdoberfläche.
Da das Sonnenlicht nicht mehr bis auf den Boden dringen kann, bildet sich hier unter dem harten Blätterwerk ein fruchtbares und kühleres Mikroklima.
Die Gegend wurde bisher von den Waldbränden einigermaßen verschont, daher ist die Flora besonders reichhaltig.
Hier wachsen Steineiche, Erdbeerbaum, Mastixbaum, Terebinthe, Myrte, immergrüner Kreuzdorn, *Erica arborea*, roter Wacholder, Stechginster, immergrüne Rose und Zistrosen (*c. foemina*), die durch Kletterpflanzen wie Sarsaparille, wilder Asparagus, Krapp, brennende Waldrebe, Geißlatt und die *loniceacea etrusca* miteinander verstrickt sind.
In der Macchia finden kleine Säugetiere, Reptilien, Sperlingsarten und Inseken Zuflucht.
Sie bilden die bevorzugte Nahrung des Turmfalken, eines kleinen spitzflügeligen Raubvogels, der nicht selten in dieser Gegend seine Kreise zieht, um im Sturzflug auf eine Beute niederzustoßen.
Auf dem Kamm, der sich meerwärts in den Ausläufer der Punta Linà fortsetzt, verläßt man die Hänge um Vernazza und gelangt ins Tal Gevarla, das zum Teil von Steineichen bedeckt ist.
Die Steineiche kann bis zu 20-30m Höhe erreichen und fürchtet die Konkurrenz keiner Jungpflanze.
Neben ihr behaupten sich nur der Erdbeerbaum und die Blumenesche. Über den engen Talboden führt eine zierliche Brücke, die uns veranschaulicht, wie breit die Wege zur Zeit der intensiven Bewirtschaftung dieser Gegend waren.
Es geht weiter zu einem breiteren, terrassenförmigen Aussichtspunkt und anschließend auf einen Hügelkamm mit Blick bis zur Steilküste der Punta Molinara.
Nach einer kurzen Strecke erscheinen im Vordergrund Monterosso, gegenüber die Punta Corona.
Den Hintergrund bildet nunmehr die Punta Mesco. Über den Hang Costa Linaro überquert man die Taleinschnitte Fosso Molinaro und Acquapendente (das letzte Wegstück hängt sozusagen über dem Meer – daher der Name).
In einer engen Bucht mündet ein Wildbach ins Meer und das Spiel der Strömungen läßt in gewissen Abständen einen kleinen Strand entstehen.
Nahe am Wasser entstanden hier menschliche Siedlungen und auch die Tierwelt findet ideale Lebensbedingungen. Die Smaragdeidechse ist z.B. hier heimisch. Diese Eidechse ist eher ein Einzelgänger, außer zur Zeit der Paarung, wenn sich die Brustpartie des Männchens dunkelblau verfärbt.
Herbst und Winter bedeuten für dieses Tier eine Latenzperiode, während es an be-

113

113. Küstenvegetation

114

115

114. Olivenhaine bei Monterosso
115. Weinberge; im Hintergrund Monterosso

sonders warmen Tagen in freier Natur zu beobachten ist.

Die Smaragdeidechse nährt sich vorwiegend von Orthopteren (Grillen, Maulwurfsgrillen, Fangheuschrecken u.s.w.), aber auch von Schmetterlingen. Alle diese Insekten sind hier zahlreich vertreten.

Unter den Schmetterlingsarten finden wir den Schwalbenschwanz, den Segelfalter (einen Schmetterling, der bei geschlossenen Flügeln den Anschein erweckt, nach hinten zu fliegen), die seltene Polyxena, den bekannten Kohlweißling, die *Cynthia cardui*, die *Vanessa atalanta* und den *Charaxes jasius*, der in den Tropen sehr verbreitet ist.

Er ist an die Verbreitung des Erdbeerbaums gebunden, denn seine Raupe ernährt sich nur von den Blättern dieser Pflanze.

Links und rechts des Weges werden die Terrassenkulturen immer zahlreicher; auch die Häuser sind noch bewohnt. Rundum

wachsen Steineiche, Strandkiefer und mediterrane Macchia.

Auf einem weiteren Hügelkamm hat man eine Aussicht auf den bereits zurückgelegten Weg und, im Westen, auf das nahe Monterosso.

Anschließend steiler Abstieg durch malerische Weinberge in Richtung Punta Corona, wo noch ein großer Bunker zu sehen ist.

Von dort geht eine Variante meerwärts direkt zur Strandpromenade von Monterosso; die Markierung 2 biegt aber rechts ab, geht kurz bergab, steigt wieder an bis zur Punta Corona oberhalb des Hotels Porto Roca.

Von hier überblickt man die gesamte Bucht von Monterosso, die im Westen vom steil abfallenden Vorgebirge Mesco abgeschlossen wird.

Die senkrechten Felswände bestehen aus Sandstein, sogenannten «grünen Felsen»

und Schieferton. Dieser letztere hat hier
zur Bildung von steinigen Stränden geführt.

Die Bucht selbst unterteilt das kleine Vorgebirge San Cristoforo; hier erhebt sich das
Kapuzinerkloster.

Unterhalb des Weges öffnen sich kleine
Grotten in den Felsenklippen, die den
Strand von Monterosso vor der Erosion des
Meeres bewahren.

Noch einige hundert Meter durch aufgegebene Kulturen und man erreicht die Ortsmitte, wo der Weg endet.

Die Strecke nach Levanto trägt die Markierung 10.

Monterosso

Der historische Kern der Siedlung im Tal
Burranco wurde nach Ansicht einiger Historiker durch die Bewohner von Albareto

116

116. Monterosso, Kirche San Giovanni Battista

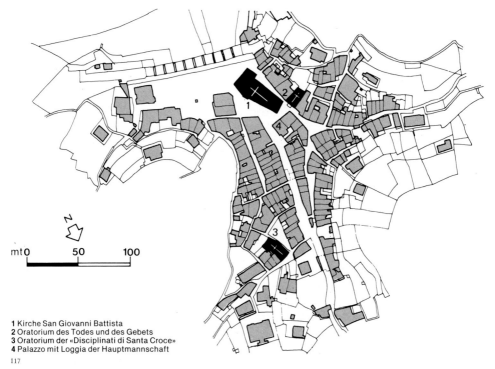

1 Kirche San Giovanni Battista
2 Oratorium des Todes und des Gebets
3 Oratorium der «Disciplinati di Santa Croce»
4 Palazzo mit Loggia der Hauptmannschaft
117

117. Plan von Monterosso

gegründet, als dieser Ort von den Langobarden eingenommen wurde. Einer anderen Hypothese zufolge sollen die Einwohner von Soviore später diesen Ort gegründet haben.

Der Feudalbesitz der Familien Obertenghi und Da Passano wurde 1276 an die Republik Genua abgetreten. Die Seerepublik baute die Festungsanlagen weiter aus, um Monterosso sowohl vor den Sarazenen als auch vor dem feindlichen Pisa zu schützen.

Monterosso hat sicher den schönsten Strand der Cinque Terre und ist deshalb ein beliebtes Fremdenverkehrszentrum geworden. In der Bucht von Fegina sind in neuerer Zeit Zweitwohnungen entstanden. Die Altstadt – nach demselben urbanistischen Prinzip der anderen Küstenorte erbaut – ist mehr oder weniger intakt erhalten, überragt von der mächtigen Festung Obertenga. An der Kreuzung der Hauptstraßen erhebt sich die schöne Pfarrkirche San Giovanni Battista (s. Plan). Empfehlenswert ist auch ein Besuch des barocken Oratoriums «des Todes und des Gebets» sowie des Kapuzinerklosters mit der anschließenden Kirche San Francesco, die eine Van Dyck zugeschriebene *Kreuzigung* bewahrt. Dies bezeugt wiederum die historische und künstlerische Bedeutung der Cinque Terre.

Die Kirche des Täufers (San Giovanni Battista)

Diese Pfarrkirche, mit deren Bau 1244 begonnen wurde, trat an die Stelle der früheren Kirche San Cristoforo, die den Bedürfnissen der Gläubigen nicht mehr gerecht wurde. Sie ist ein herrliches Beispiel ligurischer Gotik, die trotz wiederholter Eingriffe eine gewisse Reinheit und Eleganz bewahren konnte. Die zweifarbige Fassade aus weißem Marmor und grünem Serpentin (einem hier gewonnenen Gestein) ziert eine feine Rosette aus weißem Marmor über einem gotischen Portal. Auf der Lünette ein Fresco mit der Taufe Jesu.

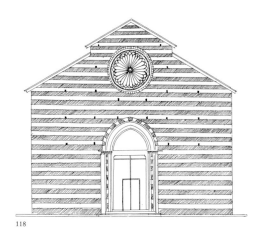

118

118. Monterosso, Kirche San Giovanni Battista

Eine Restaurierung in den Jahren 1963-64 legte die ursprünglichen Strukturen wieder frei. An der Seite der Apsis erhebt sich ein Kampanile, ursprünglich ein Wachtturm der genuesischen Befestigungsanlagen, der in der Folge aufgestockt und im 15.Jh. zur heutigen Form umgebaut wurde.

Wanderweg Nr. 3
Riomaggiore (78m ü.d.M.) (Montenero-Lemmen) – Telegrafo (513m ü.d.M.)

Markierung: ▬ 3 ▬ ▭▭
Höhenunterschied insgesamt 450m; Länge 4,5km; 2 Std.
Ansteigend, schöne Aussicht, architektonische, anthropische, naturwissenschaftliche Aspekte.

Beschreibung des Wegs

Vom Bahnhof Riomaggiore weg geht man die Hauptstraße aufwärts bis zu den letzten Häusern des Orts. Der Weg 3 nimmt ungefähr beim Sitz des Roten Kreuzes (hier Croce Bianca) seinen Anfang. Auffallend sind fast vertikale Sandsteinschichten, die von einer dünnen Pflanzendecke überzogen sind.

Die erste Markierung wird nach Überquerung der Provinzstraße sichtbar, nachdem man den bisher überdeckten Rio Major verlassen hat. Leider ist der nunmehr sichtbare Wildbach von einer Unmenge von Müll verunstaltet. Längs des Baches wachsen Schwarzerlen und schwarzer Holunder; teilweise folgt der Weg zwischen Kulturen, Trockenmauern und Bauernhäusern dem Flußbett.

Kurz darauf gelangt man in ein Ailanthuswäldchen; dieser Baum war ursprünglich nicht in Italien heimisch, sondern stammt aus dem fernen Orient, woher auch die Schmetterlingsart (*Phylosamia cynthia*) kommt, die sich von seinen Blättern ernährt. Früher war man der Ansicht, daß dieser Schmetterling anstelle der Seidenraupe für die Seidenherstellung nützlich sein könnte. Der Schmetterling akklimatisierte sich kaum in unseren Breiten, während sich der Ailanthusbaum hier naturalisierte und besonders verlassenes Kulturland als Ruderalpflanze bevölkerte.

Rechts vom Bach (linkes orographisches Ufer) erreicht man bald eine alte Mühle. Der Gipfel des Monte Verrugoli ist heute übersät von Antennen und Relaisstationen; etwas unterhalb am Hang verläuft eine Straße, die den Namen «Panoramica» trägt. Nach einem kurzen Wegstück, das durch hell-dunkle Sandsteinschichten (von Riomaggiore, s. Einführung) gekennzeichnet ist, überquert der Weg den Sandstein des «Macigno» (idem), von dem ein riesiges Exemplar auf einer Lichtung zu sehen ist, wo früher Stein für die Häuser und Trockenmauern («cian») abgebaut wurde.

In den Ritzen der Felsen und der Trockenmauern wächst die *Selaginella denticulata*, ein zartes Farnkraut, das seit ungefähr 200 Millionen Jahren in dieser Form existieren dürfte. Es handelt sich wirklich um ein lebendiges Fossil.

Längs des Weges kann man aber auch noch zwei andere interessante Farnarten sehen: das *Asplenium foriense* und das *Asplenium billotii*, die hier am östlichsten

119

119. Riomaggiore, Eingang zum Gut Ninetto

Rand ihres Verbreitungsgebiets sind. An den felsigen Hängen dieses Gebiets wächst auch die *Dryopteris tyrrhena*, ein seltener Wurmfarn, hier am nördlichsten Punkt seines Lebensraumes. Diese Farnart hat ein äußerst beschränktes Areal im mediterranen Raum.

Nach einem Stück durch Macchiawald, in dem die *Erica arborea* vorherrscht, gelangt man zur sogenannten «Panoramica», der Staatsstraße der Cinque Terre. Nachdem man sie überquert hat, ist links vom Weg 3 eine kleine Brücke zu sehen. In Riomaggiore gab es viele dieser Brücken, bevor man den Bach überdeckte. Gleich danach sieht man das originelle Eingangstor des Guts Ninetto, das nicht mehr bewirtschaftet wird. Auf den Terrassen wachsen heute die *Erica arborea* und Heidekraut, in wenigen Jahren werden die ehemaligen Kulturen völlig von der Macchia überwachsen sein.

Trotz der geringen Höhe sind schon einige

120

120. Riomaggiore

Edelkastanien zu sehen, Zeichen der enormen Bedeutung, die diese Kulturen ehemals für die Wirtschaft der Bevölkerung hatten. Viele Grundbesitzer pflegen auch heute noch diesen Baum und sammeln seine Früchte.

In höheren Lagen werden Weinberge und bebautes Land zusehends vom Wald verdrängt. Dabei bevölkert die Strandkiefer die warmen, trockenen Hänge, während die Edelkastanie ein schattigeres, feuchteres Klima bevorzugt. Zwischen den Baumstümpfen graben rotbraune Wühlmäuse ihre unterirdischen Wege, die man bis zu den Nestern verfolgen kann.

Nach einem kleinen Bildstock geht der Weg eben weiter. Plastikschläuche leiten Wasser bis zu den vereinzelten Bauernhäusern, die der Maler Telemaco Signorini, ein Vertreter der *Macchiaioli*, so herrlich dargestellt hat.

Die Aussicht auf die Küste von Riomag-giore und die vereinzelten Häusergruppen in halber Höhe ist wirklich sehr reizvoll; noch großartiger wird das Panorama auf dem folgenden Wegstück nach Montenero. Durch bebaute und verlassene Terrassenkulturen und Macchia erreicht man auf einem ebenen Wegstück den Wallfahrtsort der Madonna von Montenero.

Die frühesten Zeugnisse dieses Orts gehen auf das Jahr 1335 zurück, aber es scheint, daß schon ein älteres Gotteshaus hier zwischen dem 11. und dem 13.Jh. gestanden habe. Der mündlichen Überlieferung zufolge soll die Gründung sogar bis ins 8.Jh., zurückgehen. Fest steht, daß keine Reste aus ältester Zeit mehr auszunehmen sind; der ganze Komplex wurde 1740 umgebaut, 1847 nach einem Projekt des Architekten Piaggio aus La Spezia völlig renoviert. Am Pfingstmontag wird hier ein Madonnenbildnis aus dem ausgehenden 16.Jh. verehrt, das mehrmals restauriert

119

121

121. Blick vom Weg 3/a auf die Vorgebirge von Tramonti und die Inseln

worden ist. (Das ursprüngliche, ältere Gemälde ist verlorengegangen).

Eine Legende berichtet von Einfällen der Barbaren, die die Bevölkerung dazu veranlaßten, das Bildnis zu vergraben. Als man es nach überstandener Gefahr wieder ausgrub, sprudelte hier eine Quelle aus dem Boden. Das zeugt von der enormen Bedeutung, die eine Quelle in einem so wasserarmen Gebiet hatte und hat.

Eine ähnliche Legende wird von der Madonna des Wallfahrtsortes Soviore überliefert. Auch hier bleibt das Bildnis 100 Jahre lang vergraben. Im gesamten Bereich der Cinque Terre ist mit Madonnenbildnissen eine ganze Reihe von Wundern verbunden. Dabei belebt diese Gemälde auch eine ganz besondere Energie, die zu ihrer Erhaltung beiträgt. (Die Madonnenbildnisse von San Bernardino und Portovenere frischen sogar von selbst ihre Farben auf!)

All das belegt uns eine geistige und religiöse Einheit, die vielleicht auf den Archetypus des heiligen Bildnisses der Pallas Athene zurückzuführen ist, das vom Himmel fiel (ein Meteorit?) und Troja vor der Zerstörung bewahren sollte. Deshalb wurde es der Sage nach von Odysseus und Diomedes nach Mykene entführt.

Vom Kirchplatz aus genießt man einen großartigen Ausblick auf den ganzen Küstenbogen der Cinque Terre bis zum Vorgebirge Mesco. Anhand der Karte ist es möglich, die geographische Gliederung des gesamten Gebiets zu verfolgen und die wichtigsten Ortschaften auszunehmen. Gegen Osten zu ist der Blick etwas begrenzter, aber es ist nicht uninteressant, das Gebiet Tramonti mit der kleinen Klippe Ferale und dahinter die Inseln Palmaria und Tino auszunehmen.

Der Weg 3 geht zusammen mit der Markierung 3a hinter der Wallfahrtskirche vorbei bis zur Station der Zahnradbahn der Madonna di Montenero, die, zusammen mit einem kleinen Weg, zu einigen «Kellern» an der darunterliegenden Staatsstraße führt.

Das erste Stück geht durch mediterrane Macchia mit Steineiche, Schlehe, *Erica arborea*, Stechginster und verlassene Kulturen um vereinzelte Häuser. Seitlich fällt der Blick auf Kuppel und Kampanile der Wallfahrtskirche inmitten von Baumkronen. Am Weg stehen einige Hütten und Häuschen, die nicht alle in der Saison bewohnt sind; manche sehen verwahrlost aus und sind von verwilderten Terrassen umgeben. In vielen Fällen haben Macchiagewächse, Erika, Heidekraut, verschiedene Ginsterarten (Besenginster, Stechginster, Sandginster) und Adlerfarn die ehemaligen Kulturen überwuchert, ein Zeichen für einen nicht weit zurückliegenden Brand. Unter einer Hügelkuppe befindet sich ein weiterer Lastenlift; ein Weg führt durch Weinberge bis zur Küstenstraße. Hinter der Erhebung liegen zahlreiche Patronen im Gras, Spuren eines Jägerstandes, der zur Zugzeit anscheinend sehr frequentiert ist.

120

122. Wallfahrtsort Montenero

Der Weg steigt weiter an durch bebautes und verlassenes Land, begleitet von den schwarzen Schläuchen der Wasserleitung, bis er inmitten von teils bewirtschafteten «Cantine» die Gabelung Case Casarino erreicht. Hier trennen sich die Markierungen 3 und 3a; der Weg zweigt rechts eben ab. Es folgt ein Stück Macchia mit Stechginster, Brombeergestrüpp, *Erica arborea* und Steineichen bzw. Strandkiefern.

An der Bergstation einer kleinen Zahnradbahn für den Lastentransport, die ebenfalls zur Staatsstraße hinunterführt, hat man wieder einen Ausblick auf die Costa Serra (oder Cerra). In dieser Gegend garantiert die Verfügbarkeit von Strom, Wasser und Verkehrsmitteln eine landwirtschaftliche Aktivität, die es ermöglicht, das natürliche Ambiente mit seinen kulturellen Werten zu respektieren und zu erhalten. Gerade hier, wo bewirtschaftete und aufgegebene Kulturen abwechseln, versteht man, was es bedeutet, wenn der Mensch seine traditionellen Aktivitäten nicht mehr ausübt.

Die Markierung geht nun weiter durch einen Kiefernwald; unterhalb des Weges zeugen Terrassen von ehemaligen Weinbergen, hie und da wächst noch eine wilde Rebe im Unterholz. Im weiteren Verlauf stößt man wieder auf die Bergstation eines Lastenlifts, der zu einem tiefer liegenden Tunnel führt. Der Blick geht nun auf Montenero und auf der anderen Seite auf Costa di Serra. Die Trockenmauern folgen hier den natürlichen Krümmungen des Bodens wie die Linien einer riesigen Landkarte.

Anschließend erreicht man Lemmen. Der Historiker Ubaldo Formentini vermutete den griechischen Ursprung dieses Namens, indem er ihn mit der Ankunft griechischer Flüchtlinge im 8.Jh. in Verbindung setzte, die den Verfolgungen des ikonoklastischen Kaisers Leo III, dem Isaurier, zu entrinnen suchten. Auch die Hypothese einer Abstammung aus dem lateinischen *limine* (= Grenze) ist nicht auszuschließen. Dieser Ort befand sich in der Tat unterhalb der römischen Straße, die entlang des prähistorischen Verbindungswegs von La Spezia und Biassa hierherführte. Lemmen wäre dieser Interpretation nach die östliche Grenze des Küstengebiets, angenommen die Römer hätten sich nur innerhalb von 12 *Stadien* links und rechts der Küstenstraße angesiedelt, wie Strabon berichtet. Bezüglich des Orts Lemmen haben wir das früheste Zeugnis aus dem Jahr 1251, als die Einwohner von «Villa Cazeni

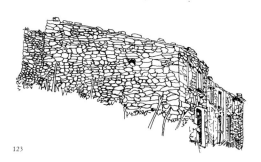

123. Winzerhäuschen bei Montenero

et Montenigro, Cacinagola, Ceroco et Lemine» auf dem Monte Verrugoli (damals Vergiona genannt) den Genuesen gegen Pisa Treue schwuren.

Die ersten beiden Orte sind zweifellos Casarino und Montenero, die unser Weg eben durchquert hat, während Cericò die Häusergruppe gegenüber von Lemmen unterhalb der Rocca dei Pini sein dürfte, wohin man auf dem Weg 3a gelangt. Diese kleinen Siedlungen dürften im 13.Jh. zur Gründung von Riomaggiore beigetragen haben.

Lemmen ist eine kleine Gruppe von Häusern, von denen nicht mehr viele bewohnt sind. Vor der Kirche auf einem Platz befindet sich eine kleine Seilbahn, die talwärts zum Ausgang eines Tunnels führt. Dorthin gelangt man auch (auf der anderen Seite der Staatsstraße) über einen steilen Pfad, der hinter der Kirche rechts vom Lastenlift abwärts in die Weinberge der Costa di Serra führt. Nach einem kurzen Stück zweigt ein anderer Weg (die Fortsetzung der Markierung 4b) rechts ab, überquert das kleine Tal und anschließend den gesamten Hang Montenero bis hinunter zur Küstenstraße, zusammen mit dem Anfangsstück der Variante des Wegs 3a (Beschreibung nachstehend).

Die Markierung 3 verläuft dagegen eben. Seitlich der Häuser bei der Kapelle steht eine in Stein gehauene Tränke für das Vieh. Man läßt die Häusergruppe hinter sich und biegt nach einem kurzen flachen Stück nach links ab, während die Markierung 4b geradeaus weiter verläuft bzw. endet. (Beschreibung 4b folgt).

Steiler Anstieg durch Weinberge und vereinzelte Strandkiefern und Steineichen immer längs der schon erwähnten schwarzen Wasserrohre. An den Zweigspitzen der Strandkiefern kleben hie und da weiße Bällchen, die Nester des Prozessionsspinners; dieser Parassit ernährt sich von den Knospen und den jungen Nadeln dieses Baums. Er wurde mit exotischen Nadelbäumen in Ligurien eingeschleppt und hat leider keinen natürlichen Feind, der seine Verbreitung in entscheidendem Maße verhindern könnte. Die rote Waldameise, die eine

solche Kontrollfunktion ausüben könnte, lebt leider nicht in diesem Klima, und deshalb gibt es außer dem Menschen kein Hindernis für die Verbreitung des Prozessionsspinners.

Nach den letzten Terrassenkulturen beginnt wieder ein Teilstück, das durch einen Waldbrand verwüstet worden ist. Auch hier begegnen wir einer Pflanzenwelt, die den verbrannten Boden zu regenerieren vermag: *Erica arborea, cistus foemina*, Adlerfarn etc.

Der nicht mehr durch die Vegetation geschützte Boden wurde auch hier durch den Regen ausgelaugt, sodaß der nackte Fels an manchen Stellen an die Oberfläche tritt.

Das letzte Stück geht durch ein Farngebüsch, das in der kalten Jahreszeit praktisch verschwindet, um im späten Frühjahr und im Sommer umso reichlicher auzutreiben. Ein paar spärliche Büsche und Bäume sind Anzeichen für ein Wäldchen, das früher oder später das Farnkraut verdrängen wird.

Man erreicht schließlich den «Telegrafo», einen Kreuzungspunkt zahlreicher Straßen und Wege (s. Wanderweg 1). In der malerischen Trattoria «Da Natale» lohnt sich eine Ruhepause.

Weg 3a Riomaggiore (20m ü.d.M.) – Telegrafo (513m ü.d.M.) (über Montenero – Case Cericò)

Markierung: ▪3a▪ ▭
Höhenunterschied insgesamt 500m; Länge 4km: 2Std.

Der Weg nimmt beim Bahntunnel Biassa in Riomaggiore seinen Anfang, steigt durch die engen Gäßchen der Ortschaft an und erreicht durch Weinberge die Küstenstraße. Dann geht er den Friedhof entlang über ein Teilstück mit schöner Aussicht wieder zur Asphaltstraße zurück. Parallel zur Straße verläuft er links durch Weinberge bis zum Wallfahrtsort Montenero (s. Weg Nr.3) Eine weitere gut markierte Variante mit noch schönerem Panorama verläuft längs der Straße nach La Spezia und

124

124. Ein Geräteschuppen am Weg zur Wallfahrtskirche Montenero

erreicht ebenfalls Montenero. Von da an haben die Wege 3 und 3a ein gemeinsames Teilstück.

Darauf überquert man auf der noch nicht asphaltierten «Straße der Wallfahrtsorte» einen Mischwald aus Kiefern und Edelkastanien bis zur Rocca dei Pini, wo der Weg dann über Case Cericò durch Steineichen und Buschwald (Waldbrand!) bis zum Telegrafo weiterführt, Hier endet der Weg.

Wanderweg Nr. 4: Sant'Antonio (510m ü.d.M.) – Schiara Mare (0m ü.d.M.)

Markierung: ■ 4 ■ ▬▬▬
Länge 3km; 1.30 Std.

Letztes Teilstück sehr steil, besondere Vorsicht geboten. Historische, antrophische, naturwissenschaftliche Aspekte.

Beschreibung des Wegs

Nach Sant'Antonio gelangt man von Pegazzano über Biassa. Anfänglich folgt die Markierung der Schotterstraße in einem Kiefernwald, dessen Bäume bis zu 10 Metern Höhe erreichen.

Das besondere Klima und die Zusammensetzung des Bodens lassen jedoch im Unterholz statt junger Kiefern Steineichen und Erika wachsen.

Außerdem sind einige Edelkastanien und Flaumeichen vertreten, die für die mediterrane Pflanzenwelt charakteristisch sind. Eine relativ große Feuchtigkeit und häufige Bewölkung bewirken hier auf der Wasserscheide ein milderes Klima und eine weniger starke Sonneneinstrahlung.

So gedeihen hier auch Gebirgspflanzen wie die *Centaurea trimphettii*, *Euphorbia dulcis*, *Luzula nivea*, *Galium rotundifolium*.

Der Wald liefert auch Brennholz. An den

125. Die Mauer «posa grande» gegenüber dem Menhir von Tramonti

Stämmen längs des Weges befinden sich die Höhlen der Wühlmäuse, die kleinen unterirdischen Gänge sind leicht ausnehmbar. Wer Interesse dafür hat, kann hier auch größere Höhlen von Füchsen, Mardern und Dachsen sehen. Der Dachs ist in Ligurien sehr selten geworden.

Beim Abstieg wird deutlich, wie die Steineiche in den nächsten Jahren langsam die Kiefer verdrängen wird, wenn keine Eingriffe von außen oder Brände die Entwicklung hemmen.

Die Bodenvegetation ist weiterhin üppig, die Macchia besteht aus Erdbeerbaum, *Cistus foemina*, Stechginster, Sarsaparille und einer Art Labkraut mit ovalen, haarigen Blättern, dem *Galium scabrum*, das im nordwestlichen Mittelmeerraum auf dem Kontinent nur in Spanien, Kalabrien und Ligurien anzutreffen ist.

Seitlich des Wegs treten die Sandsteinschichten des Macigno an die Oberfläche, die großkörnigen Lagen stufen sich an den Kontaktflächen zu feinkörnigeren Schichten ab.

Diese haben sich während der Trübungsströmungen hier abgelagert.

An der Oberfläche einiger Schichten kann man auch die Spuren der folgenden Trübungsströmungen ausnehmen: Furchen und Rillen, die durch den Absatz von Sand und Schotter auf dem ehemaligen Meeresboden eingekerbt wurden oder direkt von den Strömungen verursacht wurden sowie Einkerbungen, die der Druck von neuen Ablagerungen auf noch nicht konsolidierte Schichten hervorgerufen hat.

Der Weg führt nun über Terrassen, die in früherer Zeit auch hier in höheren Lagen bewirtschaftet wurden.

Nach kurzer Zeit ist vor einer Trockenmauer ein steinerner Menhir von 2.48m Höhe zu sehen, der ein eisernes Kreuz trägt.

126

126. Eine Hecke aus Baumheide schützt die Reben vor dem Wind

Es handelt sich um einen prähistorischen Fund aus der Bronzezeit, der eine Art Kalender dargestellt haben könnte.

Der Schatten des Menhirs teilt nämlich am Tag der Sommersonnenwende die gegenüberliegende Mauer in zwei Hälften. (Die Länge der Mauer beträgt die Hälfte der Distanz Mauer − Menhir).

Anstelle des heutigen Kreuzes trug der Menhir früher ein hölzernes Kreuz, das den Abfall vom Heidentum und die Christianisierung dieses Gebiets belegte. Bei der Mauer, die den Namen «Posa grande» trägt (sie war ehedem ein Rastplatz für die Bauern, die an sie ihre schweren Lasten lehnten), bietet eine kleine Grotte Unterschlupf.

Mauer und Höhlenumrandung wurden mit den Resten eines zweiten Menhirs angefertigt.

Der Ort hatte einstmals als Kultstätte eine außerordentliche Bedeutung.

Hier verläßt der Weg die Asphaltstraße und steigt über Treppen abwärts durch einen jungen Steineichenwald.

Auf fast vertikalen Sandsteinschichten konnten einige Strandkiefern sogar in Felsritzen noch genügend Nährboden finden.

Trotz ihrer Genügsamkeit hat hier die Kiefer wirklich extreme Lebensbedingungen erreicht.

Neben ihr überleben hier auch einige Exemplare des *Cistus foemina* und der *Centaurea lunensis*.

Über den Fosso Rebbi gelangt man zur Costa dei Pozai.

«Poze» heißen die eingeebneten Plätze vor den Weinkellern, wo viele zur Weinbereitung nötige Tätigkeiten (Entfernung der Stiele, Keltern der Trauben) sowie Arbeiten für die Instandhaltung der Rebstöcke verrichtet werden. Früher, als diese Hänge noch dichter bevölkert waren, versammelten sich die Bauern auch oft auf diesen Plätzen, um nach getaner Arbeit gesellig beisammen zu sitzen.

Rund um den Weg im dichten Unterholz wächst außer Steineichen – und Macchiagebüsch auch die Korkeiche, die sich von der Steineiche hauptsächlich durch die dikke, korkige Rinde unterscheidet. Diese schützt den Stamm vor Parassiten, Krankheiten und nicht zuletzt auch vor dem Feuer.

Außerdem liefert sie den nützlichen Kork. Der entrindete Baum entwickelt zu seinem Schutz rötliches Tannin, das den Stamm bis zur Bildung einer neuen Rinde überzieht.

Die Korkeiche bevorzugt trockenen, sonnenverbrannten Boden. Hie in Ostligurien lebt sie unter extremen Lebensbedingungen, vielleicht auch weil hier Sandsteinboden vorherrscht.

Daher ist es notwendig, diesen ökologischen Ausnahmezustand besonders zu fördern.

Respektieren Sie die Korkeiche und beschädigen Sie auf keinen Fall ihre Rinde: der Schaden könnte größer sein als Sie denken!

Im dichten Unterholz leben zahlreiche Tiere: erwähnenswert ist darunter das Wildschwein, das in dichtem Gebüsch seine Fährten zieht und seine Schlupfwinkel sucht.

Auf der anderen Seite der Schotterstraße gabelt sich der Weg: rechts Abstieg nach Monesteroli, geradeaus geht die Markierung 4 zu einer Gruppe von teilweise renovierten Häusern. Die Weinberge sind zum Teil aufgegeben worden, daher gewinnt die spontane Vegetation langsam wieder die Oberhand.

Dort wo noch Reben gezüchtet werden, schützen künstliche, erhöhte Terraseneinfriedungen die Stöcke vor den Winden, die in dieser Höhe aus allen Himmelsrichtungen kommen.

Anschließend steigt der Weg nahe der einspurigen Schiene eines Lastenlifts durch Weinberge talwärts.

127

127. Fontana di Nozzano

Der Blick geht auf die Costa di Schiara, die ebenfalls noch bis zum Meer hinunter mit Weinterrassen bedeckt ist.

An der Küste sind sie jedoch nicht mehr bewirtschaftet. Eine Felsenklippe nahe der Küste, die früher «Gallinaio» hieß, wurde in der ersten Hälfte unseres Jahrhunderts in «Ferale» umgetauft.

So hieß ein Offizier der Marine, der hier bei topographischen Vermessungen tödlich verunglückte. Eine Tafel erinnert dort an das tragische Ereignis.

Kurz darauf erreicht man Fontana di Nozzano, eine große, weiß gemauerte Zisterne (heute umgeben von Zementbehältern), die von Soldaten des napoleonischen Heeres am Anfang des 19.Jh. hier errichtet wurde. Nicht weit davon ist in einer feuchten Talmulde ein kleines schattiges Wäldchen aus Steineichen und immergrünen Pflanzen entstanden.

128

128. Lastenlift bei Schiara

Das Sonnenlicht erreicht aufgrund der üppigen Vegetation aber auch wegen der ganz besonderen Form des Taleinschnitts kaum den Erdboden.

Die Feuchtigkeit ist wegen mangelnder Verdunstung immer konstant, die Temperatur niedriger als anderswo. Die Bodenvegetation besteht deshalb aus verschiedenen Farnarten und Efeu und bildet einen ausgesprochenen Kontrast zur Umgebung.

Dieses besondere Mikroklima macht sich besonders an Hochsommertagen bemerkbar, wenn einen plötzlich in diesem Talboden das Gefühl von Kälte überkommt.

Nach Fontana di Nozzano mündet der Weg in eine Schotterstraße und führt auf ihr abwärts bis zum Ende der geraden Strecke. Im entgegengesetzten Sinn, bergaufwärts, zweigt von einem asphaltierten Stück der Weg 4b nach Campiglia ab.

Links von der Schotterstraße zweigt die Markierung 4 ab in Richtung Costa di Schiara.

Vom Weg weg führen dort und da kleine Treppen zu Bauernhäusern und Kellern. Links und rechts markieren eingeebnete Plätzchen («pose») die Stellen, wo die Winzer mit ihren schweren Körben Ruhepausen einlegten, bevor sie wieder den mühevollen Weg bergauf fortsetzten.

Heute ist die Beförderung dank der eingleisigen Lastenlifte nicht mehr so beschwerlich für den heutigen «Part time - Bauern». Trotzdem ist die Weinlese immer noch ein Unternehmen, dessen Mühen viele nicht mehr auf sich zu nehmen gewillt sind.

In den Trockenmauern wachsen auf winzigen Erdresten zwischen den Steinen einige genügsame Pflanzen. Außer Stroh − und Spornblumen kann man auch Trespen und Erikagewächse entdecken.

Zwischen den Lauben und den im Vergleich zur Terrasse erhöhten Trocken-

129

129. Stützmauern aus Sandstein für die Lauben

ken und Levkojen; hie und da sieht man Oliven – und Obstbäume (hauptsächlich Feigenbäume).

Auf den Weinterrassen züchtet man hier sehr niedrige Reben, die von einem nur einige Zentimeter hohen Rebstock gestützt werden.

Im allgemeinen ist in den Cinque Terre, wie schon erwähnt, die Laube vorherrschend.

Vor allem weiße, aber auch rote Trauben werden gezüchtet; man produziert Weißwein, Roséwein und in einigen Fällen auch Sciacchetrà.

In Schiara auf dem Platz vor dem Kirchlein Sant'Antonio sind einige Daten und Namen eingeritzt.

Es handelt sich aber nicht um «Werke» undisziplinierter Touristen, sondern um eine lokale Tradition, das Handwerk der Steinmetze, das hier hochentwickelt war.

Auch in der Landwirtschaft war solch eine Fähigkeit in einem «Land der Steine» durchaus nicht nebensächlich.

Von hier aus ist es möglich (und es lohnt sich!), über eine lange Treppe bis zum Meer hinunterzusteigen.

Auf dem Weg kann man in Schiara zahlreiche Beispiele bäuerlicher Architektur bewundern. Besonders interessant sind die Sandsteintafeln, die die Lauben auf den Vorplätzen stützen sowie die großen Sandsteinblöcke, die die Treppenaufgänge zu den Winzerhäuschen bilden.

Diese sind mit manchmal in den Boden versenkten Zisternen ausgestattet. Interessant ist auch die Technik der Entleerung dieser Zisternen.

Die lange, mit eingeritzten Motiven verzierte Treppe steigt nach den untersten Häusern von Schiara schnell im Zick-Zack-Verlauf bergab, längs des Fosso di Schiara, der nach einem feuchteren und schattigeren oberen Teil hier wieder die gewohnte Fels-und Macchiavegetation aufweist.

Auf dem Abstieg begleiten uns aromatische Gerüche, der langsame, sichere Flug der Möwen und das plötzliche Gezwitscher

mauern verläuft die Schiene, die von Schiara hier heraufgelegt wurde. Auf einem kleinen Sattel sieht man die ersten Häuser von Campiglia, meerwärts reicht das mit Kiefern und Macchia bestandene Tal Schiara bis zum Meer hinunter.

Der Weg besteht fast ausschließlich aus Treppen, und das hohe Gefälle gibt das Gefühl, senkrecht über dem Meer zu stehen.

Kurz darauf werden die ersten Häuser von Costa und von Schiaretta, den zwei Nachbardörfern von Schiara, sichtbar. Auf den Einfriedungsmauern blühen wilde Nel-

130

130. Fischerhütten am Strand von Schiara

der Singvögel im Gestrüpp, das ebenso un-
vermittelt verstummt, wenn Gefahr droht.
Auf den ca. 100 Metern Höhenunterschied
bis zur Küste kann man das Phänomen der
abgesackten Terrassen besonders gut beobachten.

Die Stabilität der Trockenmauern ist immer gefährdet; nur zu leicht rollen sie längs
der Taleinschnitte zum Meer hinunter, wo
sie die vielen winzigen Strände bilden, die
man von hier bis zum Vorgebirge Persico
antrifft.

Bei den ersten Regenfällen rutscht das Erdreich ebenso leicht ab und verschwindet
im Meer, während auf dem nackten Fels
trotz alledem eine bescheidene Pflanzenwelt wieder ihren Anfang nimmt.

Die Flora ist aber nun sehr verschieden; fast
überall wächst die halbkreisförmige *Euphorbia arborea* mit ihren im Sommer blatt-
losen Ästen, dort und da findet man den

Mastixbaum, einige Steineichen, Stechginster, immergrünen Kreuzdorn und andere
Macchiapflanzen, die sich mit einem minimalen Nährboden begnügen, wie z.B.
Mauerpfeffer, Raute und – wenige Meter
oberhalb der Küstenlinie – Aschenkraut,
Meerkohlrübe und Meerfenchel an den
scheinbar unfruchtbarsten Stellen.

Der Weg endet an einer kleinen Landzunge: in einigen Baracken bewahren die
Fischer ihre Geräte für den Fischfang.

Das Wasser ist ganz klar und sauber und
rundum herrscht herrliche Ruhe, außer an
Feiertagen und im August! Der Küstenstreifen bis Punta Persico ist trotz zahlreicher
Erdrutsche ein herrlicher Anblick.

Der Rückweg erfolgt über dieselbe steile
Treppe. Aus der veränderten Perspektive
lohnt es sich vielleicht auch, das Gestein
etwas näher zu betrachten, das wir auf
Schritt und Tritt vor den Augen haben.

131

Schiara — Weg 4b in Richtung Campiglia

Vom Kirchplatz in Schiara aus verläuft der Weg horizontal durch bebautes Land mit kleinen Winzerhäuschen bis zum Fosso (Graben) di Schiara.

Nachdem man ihn überquert hat (vertikale Sandsteinschichten!), gelangt man zum Ort Costa am gegenüberliegenden Hang.

Beim ersten Haus steigt ein nicht markierter kleiner Pfad an zum Weg 4b. Man durchquert weiter ein Gebiet mit zahlreichen Winzerhäuschen, auf deren Vorplätzen Geräte zur Weinbereitung zu sehen sind.

Von den verschiedene Varianten, die zur Markierung 4b führen, ist die interessanteste vielleicht die folgende: man überquert oberhalb von Costa noch einmal den Fosso di Schiara, steigt rechts bergauf längs eines Wäldchens, durchquert dann einige Weinberge, erreicht eine kleine Seilbahn (die in Richtung Campiglia führt) und noch ein Wäldchen.

132

131. Die Treppe von Schiara
132. Blick vom Weg 4/b kurz nach Campiglia auf Schiara

Inmitten von Wald und Terrassenkulturen steigt man an bis zum Weg 4b; rechts geht man nach Campiglia, links geht es zurück nach Fontana di Nozzano.

Weg 4b: Campiglia (401m ü.d.M.) – Fossola (299m ü.d.M.) bis zur Staatsstraße, wo die Markierung endet. (Früher führte sie nach Campi, Lemmen, Riomaggiore weiter).

Markierung ▮**4b**▮ ▭
5km; Höhenunterschied insgesamt 120m; 2 Std.

Sehr schönes Panorama, architektonische Sehenswürdigkeiten, anthropische und naturwissenschaftliche Aspekte.
Trinkwasserversorgung auf der ganzen Strecke nur in Fontana di Nozzano und Fossola.

Beschreibung des Wegs

Vom Hauptplatz in Campiglia (asphaltierte Straße) geht man ein kurzes Stück durch den Ort weiter, vorbei an der Markierung Nr. 1, um dann links abzuzweigen. Anfänglich durchquert man Gärten und Kulturland inmitten der moderneren Häuser des Orts.
Bei einem Lastenlift, kurz bevor der Weg bergab führt, geht der Blick auf Schiara und den Felsen Ferale.
Steiler Abstieg; danach geht man eine fast senkrechte Mauer aus Sandsteinschichten entlang, in die Generationen von Wanderern ihre Namen eingeritzt haben, die aber auch Zeugnis von geologischen Prozessen (Trübungsströmungen) geben. (Nähere Beschreibung im Abschnitt zu Weg 4).
Der Weg verläuft nun eben in einem Mischwald aus Strandkiefern, Edelkastanien, Steineichen und Flaumeichen.
Im Unterholz wachsen Erdbeerbäume,

Erica arborea, Cistus foemina und andere Pflanzen der Macchia.
An feuchteren, schattigen Stellen sind auch Gebirgspflanzen vertreten wie die auffallende *Centaurea triumphettii* und die *Luzula nivea*.
Der anstelle ehemaliger Kulturen gewachsene Wald wurde vor nicht langer Zeit von einem Waldbrand verwüstet.
An den Stämmen sind noch Brandspuren zu sehen und auch der üppige Adlerfarn gibt davon Zeugnis.
Der dem Ort Schiara zugewandte Hang wird bewirtschaftet; der Weg verläuft in den Weinbergen und bildet Ausblicke auf die Küste bis zu den Inseln Tino und Palmaria.
Unterhalb des Weges sieht man Costa und gegenüber die «cantine», die zu diesem Ort gehören.
Der Großteil der Reben wird in kleinen, nicht höher als 50-100cm über dem Boden erhobenen Lauben gezüchtet.
Zu diesem Zweck wird ein Gerüst aus Kastanienholz und Eisendrähten angefertigt.
Diese geringe Höhe ist eine Notwendigkeit, um die Reben vor den starken Winden zu schützen.
Außerdem werden auch hier die Trockenmauern leicht erhöht. Da der Sandstein hier ein sehr kostbares Material ist, begnügt man sich aber oft auch mit einer Hecke aus Erika.
Die geringe Höhe der Rebstöcke ruft hier die beschwerliche Arbeit der Winzer ins Gedächtnis, die die Weinlese, der Umbruch des Bodens, das Befestigen der Reblinge mit Ginsterzweigen mit sich brachten.
Die abschüssige Hanglage tat ein weiteres, um den Transport der Geräte, der schweren Körbe mit den Trauben usw. noch mühsamer werden zu lassen.
In der Folge erreicht man die Straße, geht anfänglich ein Stück parallel zur Zahnradbahn eines Lastenlifts bis zu einer Kurve, von dort eine kurze Strecke bis zu einem Steineichenwäldchen bis Fontana di Nozzano.

133. Weinberge der Costa dei Pozai
134. Eingang zu einem Keller in Campi

Die weiße Zisterne ist ein Werk des napoleonischen Heers (Anfang 19.Jh.) Außer für den Menschen ist Fontana di Nozzano mit seiner Wasserreserve auch für die Tierwelt von großer Bedeutung.

Hierher kommen Füchse, Marder, Dachse, Vögel, Eidechsen u.a., um ihren Durst zu stillen. In dem Wasserbehälter findet man jede Art von Insektenlarven, von den unzähligen Mücken bis zu den großen, gefräßigen Libellen.

Hier gehen die Markierungen 4 und 4b auseinander: der Weg 4b verläuft bei einer Gabelung links ziemlich eben bis zu den Terrassenkulturen, an denen er entlangführt, ohne sie zu durchqueren. Rechts säumt den Weg eine Trockenmauer, links ist ein abschüssiger Hang.

Die Pfade, die von einer Kultur zur anderen führen, verlaufen fast immer längs einer Terrasse oder sogar auf ihr.

Dies mag nützlich sein, um sich nicht im Labyrinth von kleinen und kleinsten Pfaden zu verlieren. Ausnahmen sind jedoch möglich.

Nach und nach öffnet sich der Blick auf Costa di Schiara und die Klippe Ferale, auf der eine Tafel an einen Offizier der Marine erinnert, der hier während topographischer Vermessungen tödlich verunglückte.

Nach einer Hütte mit eingestürztem Dach, einem Beispiel der «armen» Architektur des Gebiets, geht der Weg nach leichtem Auf und Ab zu verlassenen Kulturen (nunmehr von Steineichen, Erika, Zistrosen und Adlerfarn überwuchert), dann unterhalb der Schiene des Lastenlifts weiter bis zu dessen Talstation.

Auf einem Hügelkamm genießt man ein herrliches Panorama: gegen Osten blickt man auf Schiara, Campiglia, den Muzzerone und die Inseln, während geradeaus

Fossola, Campi und Motenero mit ihren zum Meer abfallenden Hängen («coste») zu sehen sind.

Weiter oben liegt die Gabelung Bramapane am Hang des Monte Verrugoli.

Auf diesem Aussichtspunkt fällt der Weg 4b mit der Markierung 4d nach Monesteroli zusammen; beide Wege gehen etwa 100m bergab durch hier besonders niedrige (weil windgefährdete) Reben.

Neben einer «Cantina» ist ein Behälter für Regenwasser zu sehen, ein lebenswichtiges Element während der trockenen Sommermonate.

Weiter unten ragt ein großer Sandsteinblock aus einer Trockenmauer: er diente als «posa», d.h. als Abstellfläche für die schweren Tragkörbe auf dem Weg zum Winzerhaus.

Nach der Station der Zahnradbahn, nicht weit von einer kleinen Lastenseilbahn nach Monesteroli, öffnet sich eine herrliche Aussicht auf eine kleine Häusergruppe und die Küste.

Auf den Hängen rundum, wo noch die Spuren alter Terrassenkulturen sichtbar sind, wachsen wieder mediterrane Macchiagewächse, Steineiche, immergrüner Kreuzdorn, *Euphorbia arborea*, Mastixbaum, Terebinthe, wie in einem eigens zu diesem Zweck angelegten Garten.

Bei einem dichteren Stück Buschwald steigt rechts der Weg 4b an, während der Weg 4d 250m abwärts bis zum Meer führt. Die Markierung 4b geht erst durch Macchia, dann durch Weinberge bis zu einem Steineichenwäldchen.

Dort überbrückt sie den Fosso (Graben) Rebbi und nähert sich dem Gebiet Costigliola, wo fast alle Kulturen heute aufgegeben wurden.

Der Weg verengt sich in Richtung Fossola. Schöner Blick auf Monesteroli, die Felsenklippe Montonaio am östlichen Ende der Bucht Fossola.

Nach den ersten Häusern verläuft der Weg eben, ein ansteigender Pfad führt dagegen nach Casotti, der höchsten Gruppe

von Winzerhäuschen am gegenüberliegenden Hang.

Der enge Weg 4b geht weiter durch Weinberge, nah vorbei an einigen Häuschen bis zum Talboden des Orts Fossola.

Von dieser Mulde weg geht ein Weg bergauf bis zur Markierung 4d und der Kapelle Sant'Antonio.

Auf einem Haus kann man noch die riesigen Faßreifen alter Weinfässer sehen.

Im weiteren Verlauf gelangt man zur Kapelle von Fossola.

Hier hat man wieder eine schöne Aussicht auf den bisher zurückgelegten Weg.

Es folgt der Anstieg auf einen Hügelkamm, ca. 100m gemeinsam mit der Markierung 4c; bei der Häusergruppe Casotti zweigt der deutlich markierte Weg links ab.

Auf den Vorplätzen der Häuser sind bearbeitete Sandsteinblöcke zu sehen. In ihren Einbuchtungen wurden die gepreßten Trauben noch einmal mit Holzgeräten zerquetscht; aus diesem Saft wurde dann der «Strizzo», ein Wein von minderer Qualität, hergestellt.

Der Weg steigt weiter an über Weinterrassen; dann geht man geradeaus parallel zu einer Schotterstraße bis zu einem Wäldchen.

Danach, vorbei an der Trattoria «Cinque Terre», Abstieg über Treppen auf die asphaltierte Staatsstraße der Cinque Terre. Hier endet die Markierung 4b, der Weg geht jedoch noch zwischen Kiefern parallel zur Straße ca. 500 m weiter.

Nach einem Restaurant gelangt man zur Station eines Lastenlifts nach Campi, das weiter unten auf einer ehemaligen Meerterrasse liegt.

Der Weg steigt durch einen Kiefernwald und längs eines Bergkamms weiter durch verlassene Kulturen an. Bei einer Gruppe von Kellern nach einer baufälligen Hütte biegt er links ab in Richtung Lemmen und Riomaggiore (s. Weg Nr. 3).

Bei einem renovierten Winzerhäuschen führt eine andere Abzweigung rechts ho-

135. Fossola. Kapelle auf dem Weg nach Sant'Antonio

rizontal bis zu den Leitungsmasten; von hier geht der Anstieg senkrecht längs der Masten bis zum Telegrafo.

Weg 4c: Sant'Antonio (510m ü.d.M.) – Fossola Mare (0m ü.d.M.)

Markierung:

Länge 1,5km; 1 Std.

Teilweise steiler Abstieg, besonders am Ende der Strecke größte Vorsicht geboten; herrliche Aussicht, naturwissenschaftliche, anthropische und architektonische Aspekte.

Beschreibung des Wegs

Oberhalb der Kapelle Sant'Antonio steigt der gut markierte Weg 4c über eine breite Treppe bergab.
Anfänglich geht man durch einen dichten Strandkieferwald, der nach Aufgabe der Kulturen und nach einem Brand hier gewachsen ist.
Der Wald liefert Holz, aber unter den schütteren Baumkronen beginnt wieder eine üppige Steineichenmacchia zu wachsen, die allmählich die bestehende Vegetation verdrängen wird.
In der Tat sind keine jungen Kiefern im Unterholz vertreten, weil dieses schattige Klima nicht trocken genug für diese Baumart ist.
Weiter unten, wo vor nicht langer Zeit der Wald brannte, ist der Boden geeigneter für Kiefernkeimlinge.
Je tiefer man steigt, desto größer wird die Zahl von Sträuchern, die zusammen mit Steineichen und vereinzelten Flaumeichen die Macchia bilden, wie z.B. Erdbeerbaum, Baumheide, *cistus foemina* und Besenginster.
Bevor man zu bebauten Terrassen kommt, gelangt man zu einer riesigen, vielleicht

136. Blick auf Fossola

vom Blitz getroffenen Steineiche am Rand einer Terrasse.
Längs des Wegs kann man die Rinnen verfolgen, die bei heftigen Unwettern das Regenwasser meerwärts ableiten.
Hie und da überlebt noch eine wilde Rebe, die sich auf Sträucher oder Äste stützt, Zeugnis dafür, daß dieses Gebiet für den Weinbau außerordentlich geeignet ist.
Der Weg verläßt den Wald und biegt in südlicher Richtung ab; jenseits des Fosso (Graben) di Rebbi sieht man zum ersten Mal auf Monesteroli, eine kleine Ortschaft unterhalb des Hangs Costa dei Pozai.
Oberhalb der zweiten Häusergruppe, der man in den Weinbergen begegnet, befindet sich eine Gabelung: der linke Weg führt zur Markierung 4d Richtung Monesteroli; geradeaus steigt man über eine Treppe bis zu einem eisernen Kreuz bergab.
Hier bietet sich ein Ausblick bis zum Vor-

gebirge Montenero mit der gleichnamigen Wallfahrtskirche. Bei der dritten Gruppe von Winzerhäuschen, den sogenannten «Casotti», stößt man auf den Weg 4b, der, von rechts kommend, ein gutes Stück gemeinsam mit der Markierung 4c bis zur Kapelle von Fossola verläuft.

Links von dieser Einmündung zweigt dagegen ein kleiner Pfad zur gegenüberliegenden Seite und zum Weg 4b ab.

Auf den Vorplätzen («poze») der Keller in Casotti sind Sandsteinblöcke und alte Weinpressen zu sehen.

Der Weg 4c senkt sich ziemlich schnell längs des Hügelkamms inmitten von renovierten Winzerhäusern, führt vorbei an der reizvollen Kapelle von Fossola, verläßt 20 Meter tiefer die Markierung 4b und verläuft fast vertikal durch Weinberge bergab.

Die Kulturen um die letzte Häusergruppe zeigen, wie der Sandstein als Stütze der Rebstecken verwendet wird, um auch die kleinsten Stellen für den Anbau zu nutzen. Das fachliche Können der Steinmetze zeigt sich auch in den eingeritzten Zeichen und Bildern, die den Wanderer längs des mühevollen Abstiegs begleiten: Namen, Daten, Segelschiffe sind die Zeugnisse einer armen Bauernkultur, die die ununterbrochene Reihe von Arbeitstagen mit etwas Kreativität und Abwechslung zu beleben suchte. Besonders hier unten, 100-150m über dem Meer, wo eine besonders hohe Traubenqualität erzielt wird, war der Anbau auf winzigen Terrassenböden äußerst mühselig. Die Terrasse hat hier nicht mehr als einen Meter Breite; um 1m² Erde (vergleichbar mit der Fläche eines kleinen Tisches) zu bebauen, ist es nötig, eine Trockenmauer von ca. einem Kubikmeter Sandstein mit einem Meter Länge, einem halben Meter Breite und zwei Metern Höhe (oder mehr) herzustellen. So kann man sich vorstellen, was der Verlust einer oder mehrerer Terrassen bedeutet, wie hier, wo fast alle Terrassen ins Meer abgerutscht sind. Heute sind nur mehr nackte

137

138

137. Fossola, Treppenabstieg zum Meer
138. Kapelle von Fossola

Felsen und Geröll zu sehen, auf denen höchstens noch die Wolfsmilch ihr kümmerliches Dasein fristet.

Der Weg senkt sich bis zum Strand, bei diesem letzten Teilstück ist größte Vorsicht

geboten, da auch die Treppenstufen dort und da locker geworden sind.

Ein großartiger Blick bietet sich östlich von Monesteroli und dem Felsen Montanaio, auf dessen wellengeschützter Seite sogar eine spärliche Vegetation zu gedeihen vermag.

Auf der gegenüberliegenden Seite der Bucht Fossola befindet sich die kleine Insel Grimaldo, deren geometrische Form den Blick auf die äußerste Spitze der Punta Merlino versperrt.

Der Weg endet umgeben von Schilfrohr am unteren Ende des Fosso di Fossola; hier stehen auch ein paar Fischerhütten an einer kleinen Mole aus Beton.

Jenseits der Klippen, links am Anfang des Strandes befindet sich die Grotte Colombaia.

Um dorthin zu gelangen − der Höhenunterschied von mindestens 300m muß fast vertikal bewältigt werden − lohnt sich eine kleine Ruhepause und vielleicht auch die Lektüre (oder eine neuerliche Lektüre) des Eingangskapitels dieses Führers, um diesen Küstenstreifen noch besser kennenzulernen.

Während des Aufstiegs hat man auch die Gelegenheit, die Spuren der verschiedenen Trübungsströmungen auf den Sandsteinschichten zu beobachten und zu sehen, wie die hier ansässige Bevölkerung versucht hat, den Boden bis in die extremsten Lagen zu nutzen.

Weg 4d: Sant'Antonio (510m ü.d.M.) − Monesteroli Mare (0m ü.d.M.)

Markierung: ▮4d▮ ▭

Länge 2km; 1.30 Std.

Abstieg, sehr schönes Panorama, architektonische, anthropische, naturwissenschaftliche Aspekte.

Beschreibung des Wegs

Von der Kapelle Sant'Antonio geht die Markierung 4d etwas unterhalb des Kreuzungspunktes der zwei Schotterstraßen durch einen Kiefernwald bergab.

Es ist jedoch vielleicht interessanter, zuerst ein Stück auf dem Weg 4 zurückzulegen und dann zum Weg 4d abzuzweigen. Beim Menhir (hier biegt ein Pfad zum Weg 4d ab) verläßt man die Straße und steigt teilweise auf Treppen bis zu einer weiteren Schotterstraße ab, die ebenfalls zur Markierung 4d führt.

Nach einer kurzen Strecke folgt eine Gabelung mit dem Wegweiser Monesteroli. Man steigt talwärts durch einen Mischwald (Steineichen, Kiefern und Korkeichen), in dem auf einer Lichtung auch einige Zitterpappeln zu sehen sind.

Dieser Gebirgsbaum liebt die Feuchtigkeit, und seine Anwesenheit läßt mit Sicherheit auf häufigen Nebel in dieser Gegend schliessen. Der Weg verläuft weiter durch aufgegebenes und noch bewirtschaftetes Land (auf einer Weinterrasse ist eine riesige Vogelscheuche zu sehen); Zwischen Steineichen und einer Einfriedungsmauer aus Sandsteinblöcken − einige sind besonders wuchtig − gelangt man zum Kreuzungspunkt mit dem Hauptweg 4d.

Kurz darauf erreicht man einige noch gut erhaltene und auch heute genutzte Keller.

Unter der Laube auf dem Vorplatz («Poza» genannt) wird ein Großteil der Arbeit und der Vorbereitungen abgewickelt, die mit der Instandhaltung der Weinberge verbunden sind.

Früher saß man da auch nach getaner Arbeit mit der Familie oder mit Freunden zusammen, wenn die Bauern sich zur Zeit der Ernte länger in diesen Häusern aufhielten.

Das ist auch der Grund, weshalb das ganze Gebiet «Costa dei Pozai» genannt wurde.

Nach einem Wäldchen erreicht man inmitten von Weinbergen einen Aussichtspunkt. Von hier aus blickt man in westlicher Richtung auf Fossola und seine Küste bis zur

139. Monesteroli und die Klippe Montonaio

Klippe Grimaldo, auf die Häuser von Campi über der Punta Pineda und am Horizont auf den Hang Montenero mit der gleichnamigen Wallfahrtskirche.

Gegen Osten sieht man im Vordergrund die Costa di Schiara, den Felsen Ferale; weiter oben Campiglia und den Berg Castellana, die Steilküste des Muzzerone und die Inseln.

Im nächsten Teilstück fallen 4d und 4b zusammen (s. Beschreibung 4b).

Üppige Macchiavegetation bedeckt heute wieder die Sandsteinfelsen, die ein Erdrutsch freigelegt hat.

Die sich nach unten zu verengenden Sandsteinschichten sind besonders auf dem Montonaio vor der Küste von Monesteroli zu sehen.

Man erreicht anschließend eine weitere Gruppe von Winzerhäuschen, den sogenannten «Cantine», und einen alten, riesigen Maulbeerbaum noch aus der Zeit, als hier die Seidenraupe gezüchtet wurde. Ab hier geht eine architektonisch interessante Treppe fast senkrecht bergab bis zur Ortschaft.

Nach Meinung des Historikers Ubaldo Mazzini geht der Name Monesteroli auf einen *fundus* des Octavius Monestaeus aus Luni zurück, dessen Name auf einer Tafel im Atrium des Palazzo Magni − Gritti in Sarzana zu lesen ist.

Der These eines anderen lokalen Historikers, Ubaldo Formentini, zufolge könnte der Name Monesteroli von Mnestheus abgeleitet werden, einem homerischen Helden, der nach langen Irrfahrten im Mittelmeer an die Grenze zwischen dem Reich der Lebenden und der Toten gelangt sein soll; griechische Flüchtlinge meinten, diesen Ort mit dem Küstenstrich der Cinque Terre identifizieren zu können.

Diese Achäer, die im 8.Jh. vom ikonoklastischen Kaiser Leo III, dem Isaurier, ver-

140

141

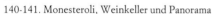
140-141. Monesteroli, Weinkeller und Panorama

folgt wurden, siedelten sich demnach hier an und gründeten eine Ortschaft, der sie den Namen Menesteo gaben.

Monesteroli ist der Ort in Tramonti, der die größe Fischertradition hat.

Die übrigen Orte waren trotz der nahen Küste nie besonders dem Meer verbunden.

Verschiedene Geckoarten, Eidechsen und Sperlingsvögel bevölkern den Ort.

Im Schutz der Klippe Montonaio liegen einige Boote vor Anker und auf den «poze» kann man hie und da auch ein paar Geräte für den Fischfang entdecken.

Muscheln und Kieselsteine auf den Kaminen und sogar ein muschelverzierter Ofen zeugen von einer gewissen Beziehung zum Meer.

Auf volkstümliche Fischertradition stößt man auch in den Gärten: Hier blühen Oleander und Geranien, und Türen und Keller sind in bunten Lackfarben gestrichen.

Nichtsdestoweniger widmet sich Monesteroli aber hauptsächlich dem Weinbau.

Wenn man sich überlegt, welche Mühe es kostet, bis hier herunterzusteigen, und daß es ebensoviel Anstrengung erfordert, wieder zur Straße zurückzukehren, kann einem Monesteroli als idealer Ort erscheinen, seinen Urlaub fern ab von aller Zivilisation zu verbringen.

Vielleicht könnte der Fremdenverkehr für den Ort zur Bestimmung werden, da sich der Anbau der Reben trotz der hohen Weinqualität auf diesem abschüssigen Gebiet kaum rentiert. Am Ende des Orts, der sich entlang des Hügelkamms mit etwa 50 Metern Höhenunterschied entwickelt, senkt sich der Weg bis zum Meer inmitten von Agaven, Wolfsmilch, Mastixbäumen, immergrünem Kreuzdorn und spärlichen Olivenbäumen. Das letzte Stück nach den letzten Weinterrassen ist zwar beschwerlich und steil, aber nicht gefährlich.

142

142. Landwirtschaftliche Genossenschaft von Groppo: Einbringung der Trauben

Das von Erdrutschen betroffene Endstück mündet in den Strand Nacche, wo ein breiter Kanal endete, der früher Süßwasser aus La Spezia hierher leitete.

Weg 6: Marvede (667m ü.d.M.) – Manarola (70m ü.d.M.)

Markierung: **■ 6 ■ ▬▬▬**
Länge 3,5km; 2 Std.

Kurze Wegbeschreibung

Vom Weg 1 gabelt sich auf dem ersten kleinen Sattel der aus Casella (Vara-Tal) kommende Weg 6. Er führt bergab durch einen Mischwald (Edelkastanien, Strandkiefern, Zerreichen und – auf steinigem Boden – Steineichen, unter denen die im nordwestlichen Italien endemische *Campanula media* blüht).
Weiter unten sind noch die Spuren eines heftigen Brandes zu sehen. Die Macchia

mit Stechginster, Sandginster, Erika, Heidekraut, Besenginster, Zistrosen (var. *foemia*), Brombeerstrauch und Adlerfarn hat hier wieder Fuß gefaßt.
In kurzer Aufeinanderfolge zweigen etliche Wege ab: rechts in Richtung Porciano, links der 6c Richtung Monte Croce, dann nochmals rechts ein Weg nach Volastra. Auf der Höhe eines Winzerhäuschens, das den Namen Bovera trägt, ist ein weiterer Kreuzungspunkt: rechts gelangt man durch Terrassenkulturen nach Volastra, links führen zwei Wege zum Monte Capri (6a) bzw. Monte Galera (6b). Diese Wege sind jedoch nicht immer begehbar. In der Folge erreicht man die Straße der Wallfahrtsorte, geht auf dem Weg weiter, überquert die Asphaltstraße nach Volastra und nach einem kurzen Stück inmitten von Kiefern erreicht man die Weinberge Groppo. Man überquert die «Litoranea» (Küstenstraße) und kommt zur Ortschaft Groppo, einer

sehr alten Siedlung, die an einer von der Küste aus nicht sichtbaren Stelle gegründet wurde. So schützte man sich in früheren Zeiten vor den Sarazenen. Vom Platz unterhalb des Ortes gehen einige wenige Autobusse nach La Spezia. Gegenüber befindet sich der Sitz der «Cooperativa agricola» (Winzergenossenschaft der Cinque Terre), wo der Wein in Flaschen abgefüllt und vertrieben wird. Der Qualitätswein der Cinque Terre (D.O.C.) kann von den lokalen Weinbauern erworben und weiterverkauft werden.

Die «Cantina sociale» (Kellerei der Winzergenossenschaft)

Es lohnt sich, die «Cantina» zu besichtigen und vielleicht hier auch einen Kauf zu tätigen. Hier ist die Weinqualität garantiert. Ein Besuch bei der Genossenschaft oder auch in einem privaten Keller ist unerläßlich für eine bessere Kenntnis der Cinque Terre und ihrer Einwohner. Im Jahre 1975 existierte in Manarola eine Winzergenossenschaft, die bei besonders ertragreichen Ernten Trauben von den Weinbauern aufkaufte und daraus einen qualitätsmäßig minderen Wein produzierte. Am Anfang der 80er Jahre wurde dann in Groppo eine Winzergenossenschaft mit eigener Kellerei ins Leben gerufen, die heute 500 Mitglieder zählt und die Trauben von 130-150ha Anbaugebiet verarbeitet. Die Qualitätsbezeichnung DOC (denominazione di origine controllata) betrifft nur diesen Teil der insgesamt 1000ha Weinberge der Cinque Terre.

Die Kooperative produziert den Wein der Cinque Terre, einen Weißwein aus den drei Traubensorten Bosco (60% mindestens), Albarola und Vermentino. Der Wein ist herb, hat einen delikaten, salzigen Beigeschmack und ist herrlich für Fischgerichte geeignet.

Um die Produktion besser zu qualifizieren, bietet die Genossenschaft drei Weine von drei verschiedenen Anbaugebieten («Costa») an: den «Costa de séra» (Lemmen und Umgebung), «Costa de campu» (oberhalb von Manarola) und «costa da' posa» (Volastra und Umgebung).

Der Preis ist relativ hoch aber gerechtfertigt, wenn man die hohe Qualität und die ca. 3000 Arbeistage einkalkuliert, die 1ha Anbaufläche erfordert.

Eine Spezialität ist der «Sciacchetrà», der auch unter den Namen «Amabile» oder «Rinforzato»

143

143. Die «neuen Weinfässer» der Kellereien der Genossenschaft

bekannt ist. Die Herkunft dieses mundartlichen Ausdrucks ist unsicher. Unter den zahlreichem Hypothesen zitieren wir zwei: die Bezeichnung für diesen Wein könnte eine Synthese aus den zwei Verben «schiacciare» (zerquetschen) und «trarre» (ziehen) sein, mit direktem Bezug auf das Herstellungsverfahren, bei dem die Trauben zerquetscht und der Most vor seiner vollständigen Fermentation «abgezogen» wird. Oder sollte der Ausdruck aus dem französischen «chic», d.h. Raffinatesse, Vorzüglichkeit (auf italienisch «sciccheria») abgeleitet worden sein?

Der Sciacchetrà ist im allgemeinen süß, er wird aus getrockneten Trauben gewonnen (vino passito) und ist äußerst selten. Von der Kooperative wird auch dieser Wein verkauft. Hierher bringen die Weinbauern die dazu geeigneten Trauben (dieselben des Weißweins D.O.C.), die bis in den November hinein getrocknet und dann ausgelesen werden. Wenn sie die gewünschte Reife erreicht haben, werden sie mit der Hand für die Presse vorbereitet und mit der Hand gekeltert. Der Wein ruht dann ein Jahr lang in Fässern aus Eichenholz und wird anschließend filtriert. Die Bemühungen der Kooperative gehen dahin, einerseits die Qualität des Weins weiter

141

144

144. Porciano, im Hintergrund Corniglia

zu verbessern, andererseits die Zahl der Arbeitsstunden zu verrïngern, die pro Hektar berechnet werden. Zu diesem Zweck wurde ein Projekt der Region Ligurien ins Leben gerufen, das zusammen mit dem C.N.R. (Forschungszentrum) Turin mit Finanzierung durch die EG Forschungen anstellt zur Verbesserung der Techniken des Weinanbaus. Auch die Beistellung technischer Hilfsmittel ist ein Anliegen der Kooperative: Zahnradbahnen, Wasser, Strom, die Schädlingsbekämpfung per Hubschrauber verkürzen die Arbeitszeit und helfen mit, auch schwierige Anbauflächen beizubehalten. Man muß sich vorstellen, daß die Schädlingsbekämpfungsmittel früher auf dem Rücken transportiert und aus an Stöcke gebundenen Säcken auf den Feldern verstreut wurden.

Eine letzte, nicht minder wichtige Funktion ist die der offiziellen Gegenpartei in Streitfragen mit der lokalen Verwaltung, vor allem mit der Region Ligurien, zur Beschaffung von technischen und finanziellen Mitteln sowie normativen Garantien wie z.B. die Möglichkeit, Grundbesitze zusammenzulegen, um ihre Bewirtschaftung und die Instandhaltung der Trockenmauern zu garantieren.

Von Groppo aus verläuft der Weg für eine kurze Strecke auf der Asphaltstraße. Bei der ersten Kehre geht man bergab längs des Rio Groppo. Durch Weinberge und Olivenhaine gelangt man zu einer Häusergruppe, wo auch Trinkwasser zu Verfügung steht.

Hier kreuzen sich einige Wege: links zweigt die Markierung 02 zum Monte Galera ab, längs der Straße steigt man nach Volastra an (6d). Der Weg 6 führt abwechselnd auf der Asphaltstraße und auf der Schotterstraße inmitten von Terrassenkulturen wieder zum Kanal Groppo und weiter nach Manarola.

Weg 6d: Case Pianca (460m ü.d.M.) – Volastra (335m ü.d.M.)

Markierung: rote Punkte und Linien und `6d` auf der Treppe, die von Manarola nach Volastra führt.
Länge 2km; 1 Std.

142

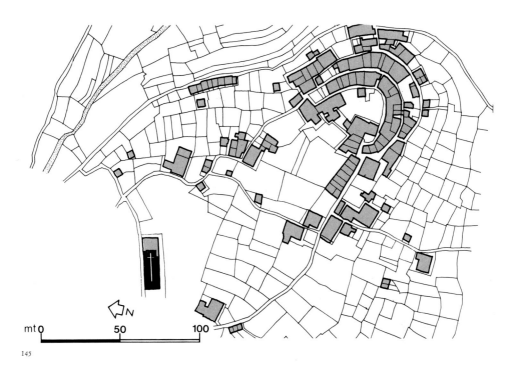

145

Beschreibung des Wegs

Von dem zum Großteil renovierten Weiler Case Pianca geht man bergab zur Schotterstraße, die sich zwischen Wein – und Olivenkulturen hinschlängelt. 50 Meter von der Straße der Wallfahrtsorte entfernt senkt sich der Weg in einen Mischwald (Strandkiefern und Steineichen). Einige hundert Meter weiter beim Einschnitt des Fosso Molinello, wo man auch Wasser findet, geht man weiter bis zu einer Gabelung. Rechts geht der Weg 7a weiter nach Corniglia.

Abwechselnd durch Weinterrassen, Wald und bewirtschaftetes Land gelangt man nach Porciano; der Ort wird restauriert und ist teilweise bewohnt. Die Anordnung der Häuser und ihre Lage nahe der ehemaligen *Via romana*, der römischen Küstenstraße, die von Luni nach Westen führte, legen einen römischen Ursrpung nahe. Dies könnte auch den Beinamen «Le stalle» erklären, eine Bezeichnung, die auch zwei

146

145. Plan von Volastra
146. Volastra, Kirche Nostra Signora della Salute

143

147

147. Blick vom Weg 7 auf Vernazza

andere Siedlungen oberhalb von Vernazza bzw. in der Nähe von Volastra trugen. Alle drei hatten wahrscheinlich dieselbe Funktion.

Von Porciano aus bietet sich ein schöner Blick auf Corniglia und Manarola. In diese Richtung führt der Weg weiter durch Weinberge und erreicht schließlich Volastra.

Volastra liegt auf einer vom Meer gebildeten Terrasse, der älteste Kern ist halbkreisförmig angeordnet und folgt dem Bodenrelief. Sicherlich sehr alt ist die Wallfahrtskirche Nostra Signora della Salute, etwas außerhalb des Orts. Der Bau auf rechteckigem Grundriß, in romanischem Stil und mit einem Satteldach dürfte auf das 10.Jh. zurückgehen. Das Innere wurde wiederholt umgebaut, außen bewahrt die Kirche jedoch die strenge Reinheit hochmittelalterlicher Gotteshäuser mit grobgehauenen Steinquadern, Dekorationsmotiven unter dem Dach und einem zweibogigen Fenster über einem einfachen gotischen Portal aus Sandstein.

Das Fest der Gottesmutter fällt auf den 5. August; an diesem Tag findet hier auch ein Volksfest statt. In der Kirche ist ein schönes gotisches Triptychon zu sehen, auf dem die drei Heiligen Dominikus, Johannes der Täufer (seitlich) und Lorenz (in der Mitte) dargestellt sind. Letzterem war vormals auch die Kirche geweiht.

Von Volastra kann man nach Manarola auf verschiedenen Wegen gelangen (siehe Karte). Der Weg 6d erreicht über eine Treppe durch Olivenhaine die Straße, die Volastra mit der Staatsstraße der Cinque Terre verbindet. Von hier geht es weiter nach Manarola.

Weg 7: Vernazza (20m ü.d.M.) − Cigoletta (512m ü.d.M.)

Markierung: ▬ 7 ▭
Höhenunterschied insgesamt 460m; Länge 3km; 1.30 Std.

148

148. Die Kirche Nostra Signora delle Grazie in San Bernardino

Kurze Wegbeschreibung

Ab Vernazza folgt man der Markierung 2 in Richtung Corniglia bis zu einem ehemaligen militärischen Wachposten, unterhalb dessen der Weg 7 bei einem Felsenvorsprung seinen Anfang nimmt. Das erste Teilstück bietet wieder die gewohnte Küsten − und Macchiavegetation.

Auf dem Bergkamm bietet sich ein schöner Ausblick auf Vernazza und das Gebiet Macereto, das jetzt nach etwa einem Jahrtausend Bewirtschaftung von immer häufigeren Erdrutschen heimgesucht wird. Man gelangt weiter durch teilweise aufgegebene Weinberge zu einer heute renovierten Häusergruppe und biegt dann auf den Nordhang, wo Wiesen und Wald von einer größeren Feuchtigkeit Zeugnis geben. Hier wächst vorwiegend die Edelkastanie. Bei San Bernardino kann man einige Strohschober sehen, eine Seltenheit in diesem Gebiet. Der Ort San Bernardino hat sich längs eines Hügelkamms entwickelt. Die kleinen Häuser stehen eng aneinander gelehnt, nach echt ligurischer Tradition. Am Ende der Ortschaft erhebt sich die Wallfahrtskirche Nostra Signora delle Grazie di San Bernardino. Die Gründung geht auf die Zeit vor 1584 zurück; im 20.Jh. wurde sie renoviert und hat heute keine Kunstschätze oder architektonischen Besonderheiten. Am 8. September wird hier die Geburt Mariä mit einem kleinen Volksfest gefeiert.

Von San Bernardino aus geht der Weg 8a nach Madonna di Reggio; auf der Piazza, von der aus man einen herrlichen Blick auf Guvano und Corniglia hat, gibt es auch Trinkwasser. Links vom Platz kann man den Erdrutsch von Guvano überblicken; die Tonschieferschichten des Komplexes von Canetolo sind deutlich auzunehmen.

Rechts steigt man auf einem Weg zum Strand ab; etwas weiter stellt ein Weg eine Verbindung mit Prevo und zum Weg 2 her. Nach einem Edelkastanienwäldchen erreicht man wieder den Bergkamm, im Macchiagebüsch steigt man an, überquert mehmals die Asphaltstraße und erreicht Case Fornacchi, wo wieder der Sandstein des Macigno an die Oberfläche tritt.

Das nächste Wegstück geht durch einen Kiefernwald längs einer Schotterstraße. Hie und da ist ein Jägerstand zu sehen. In der Nähe liegt Case Cravone, eine Häusergruppe, zu der man an zwei Gabelungen an der linken Seite der Straße aufsteigt. Der Weg durchquert einen dichten Buschwald mit Stechginster; auch hier hat ein Waldbrand viel Schaden angerichtet. Nachdem der Weg die Schotterstraße verlassen hat, zweigt man rechts ab in Richtung Paß Cigoletta, den man in Kürze erreicht. Von da ab geht man links in Richtung Levanto, geradeaus kommt man zu einer Quelle mit Trinkwasserqualität, anschließend nach Casella, Valdipino und Riccò del Golfo. Dort endet der Weg 7; es besteht die Möglichkeit, rechts nach Portovenere (Markierung 1) weiterzuwandern.

Weg 7a: Corniglia (100m ü.d.M.) − Cigoletta (512m ü.d.M.)

Markierung: [7a]
Höhenunterschied insgesamt 420 m; Länge 3km; 2 Std.

Kurze Wegbeschreibung

Bei einem Brunnen (Trinkwasser) östlich der Kirche San Pietro in Corniglia steigt der Weg 7a durch Weinberge in Richtung Cigoletta an. Schöne Aussicht auf Corniglia und Manarola. Man steigt weiter bergauf durch verlassene Olivenkulturen, Macchiagebüsch und weiter oben durch einen Strandkieferwald mit dichtem Unterholz, vor allem *Erica arborea*. In der Folge steigt man längs eines kleinen Taleinschnitts, in dem dank eines feuchteren Mikroklimas auch Gebirgspflanzen gedeihen, bergauf in Richtung Case Pianca.

Kurz vor Case Pianca erreicht man die Asphaltstraße und biegt hier links ab; die Gegend wurde vor einigen Jahren von einem heftigen Waldbrand verwüstet. Man

149

149. Drignana

legt in dieser Vegetation ca. 500 Meter zurück, den Stechginster verdrängt allmählich ein Steineichenwäldchen, wo hie und da Spuren von Wildschweinen auszunehmen sind. Durch Steineichen verläuft der Weg bis zur Kreuzung mit der Markierung 1, auf der man in linker Richtung in Kürze den Paß Cigoletta erreicht.

Sehr interessant ist auch die Kreuzung der Wege 7a und 6d in einem Kiefernwald auf ca. 300m Höhe. Das Verbindungsstück (schöne Aussicht) in leichtem Auf und Ab ist mit zwei roten Punkten und einem roten Pfeil (in entgegengesetzter Richtung zu folgen) markiert. (ca. 1km)

Weg 7b: Cigoletta (512m ü.d.M.) − Corniglia (90m ü.d.M.)

Keine Markierung: Länge 3km; 2Std.

Kurze Wegbeschreibung

Nicht immer leicht ausnehmbar, sehr schö-

150. Die Kirche Unsere Liebe Frau in Reggio

ne Ausblicke. Von Cigoletta nach Case Fornacchi geht man auf der Markierung 7 (Richtung Vernazza), nach der Ortschaft über bebautes Land bergab in einen Macchiawald. Man überquert die Straße der Wallfahrtsorte und verlassene Kulturen in einem Netz von Pfaden bis zu einer Gruppe von Kellern (interessante Beispiele bäuerlicher Architektur), dann weiter über bewirtschaftete Weinterrassen. Schöne Aussicht auf Corniglia und San Bernardino. Längs eines Hügelkamms erreicht man die Asphaltstraße, die diese zwei Orte verbindet. Oberhalb der Straße verläuft der Weg 7b weiter durch Olivenhaine bis zur Mündung in den Weg 2, auf dem man Corniglia erreicht.

Weg 8: Foce Drignana (500m ü.d.M.) – Vernazza (20m ü.d.M.)

Markierung: ■ 8 ■ ▬▬
Länge 2,5km; 1.30Std.

Kurze Wegbeschreibung

Von Foce Drignana geht der Weg 8 auf der Asphaltstraße zuerst auf Kalkmergelboden mit Kieselknollen, die Teil der Formation

des Kalksteins Groppo del Vescovo sind; im weiteren Verlauf erreicht man dann die stark gefalteten Tonschieferschichten des Komplexes von Canetolo.

Man folgt der Markierung Vernazza durch Weinterrassen mit Blick auf Drignana (kleine Siedlung auf dem Bergkamm) und San Bernardino auf dem südseitigen Sattel. Nach einem Stück auf der Asphaltstraße geht der Weg duch Gärten, Weinberge und Mischwald zum Wallfahrtsort Madonna di Reggio, wo Trinkwasser zur Verfügung steht. Auf dem Kirchplatz erheben sich schöne, uralte Steineichen, Zypressen, Linden und Robinien. Die Kirche Nostra Signora di Reggio ist sehr alt, an ihrer Stelle befand sich auch früher eine Kultstätte, vielleicht auch ein Gräberfeld. Sie war sicherlich das Modell für andere Kirchen des Gebiets. Am ersten Sonntag im August (auch hier findet ein Volksfest statt) gehen die Einwohner von Vernazza im Prozessionszug bis hier herauf).

Die ersten urkundlichen Belege datieren aus dem Jahr 1248; im Jahre 1318 wird erstmals der Ort Reggio («Reza») erwähnt. Das Gotteshaus hat den Grundriß einer Basilika und wurde im 11.Jh. auf einer Krypta errichtet, zu der man vom Kampanile und vom Hauptaltar Zugang hatte. Im 14.Jh. wurde die Kirche umgebaut, der Grundriß in ein lateinisches Kreuz umgewandelt, und aus dieser Zeit stammen auch einige merkwürdige Verzierungen auf dem Giebelfeld der Fassade. Auch das Innere bewahrt wenig von der ursprünglichen Struktur (nur die Grundsteine der Säulen und die Kapitelle) und wurde durch Gips und Stuck verunstaltet. Der Gebäudekomplex hat auch einen Trakt für die Pilger, die zur Verehrung des hier aufbewahrten Madonnenbildnisses (das die Legende dem Hl.Lukas zuschreibt) hierher gelangen.

Vom Kirchplatz hat man einen sehr schönen Blick auf Vernazza. Ein Stück weiter auf dem Weg 8 befindet sich auch eine schöne künstliche Grotte, die ganz malerisch mit Muscheln und Steinen im Seemannsstil ausgeschmückt ist.

Man folgt dem Weg bergab nach Vernazza,

151

151. Bildstock an der Via Crucis zwischen Vernazza und Reggio

der im entgegengesetzten Sinn von der Prozession der Gläubigen zurückgelegt wird; am Wegrand die Via Crucis in einigen Bildstöcken, darunter die Kapelle von San Bernardo.

Der Weg ist hier gepflastert, er durchquert Kulturen mit Wein und Oliven. Auch hier wird besonders in tieferen Lagen viel Land nicht mehr bewirtschaftet. Spuren eines Waldbrandes sind deutlich zu sehen.

Über den Friedhof von Vernazza gelangt man in den Ort. Am Bahnhof von Vernazza inmitten modernerer Häuser endet der Weg.

Weg 9: Monterosso (0m ü.d.M.) – Soviore (470m ü.d.M.)

Markierung: **9**

Höhenunterschied insgesamt 470m: Länge 2,5 km; 1,30Std.

Kurze Wegbeschreibung

Vom Säulengang der Kirche San Giovanni Battista im alten Monterosso steigt man längs der Via Roma an. Die Markierung 9 beginnt am Anfang eines Treppenaufgangs. Über Olivenkulturen steigt man an bis zur Macchiavegetation.

Weiter oben kommt man in einen Mischwald. Der Weg ist hier betoniert und steigt bergauf durch Kulturland und Wäldchen bis zur Staatsstraße, überquert sie und führt in einen Kiefernwald, der noch die Spuren eines Waldbrands trägt.

Nach einigen Bildstöcken und Stationen der Via Crucis gelangt man zu einer Kapelle aus dem 17.Jh., die der Hl. Magdalena geweiht ist. Eine Tafel erinnert daran, daß der Legende nach hier die erste Kultstätte der Hl. Jungfrau von Soviore gewesen sein soll: Ein Madonnenbildnis wurde vor den Einfällen der Barbaren dadurch geschützt, daß es hier vergraben

152

152. Die Statue des Giganten über dem Strand von Fegina

wurde. Nach 100 Jahren wurde es hier von einem Gläubigen, den eine Taube hierher geleitet hatte, wieder unversehrt aufgefunden. Diese Legende wiederholt sich in der Geschichte der Madonna von Montenero (s. Weg 3).

Man erreicht in Kürze den Wallfahrtsort Soviore, wo an einer Kreuzung mit der Markierung 1 der Weg 9 endet. Auf dem großen Platz bietet sich ein großartiges Panorama auf den Mesco und auf Monterosso.

Weg 10: Monterosso (0m ü.d.M.) – Sant'-Antonio al Mesco (314m ü.d.M.)

Markierung: ![10]
Höhenunterschied insgesamt 330m; Länge 2km; 30 min.
Anstieg, geologische, historisch-architektonische, naturwissenschaftliche Aspekte.

Beschreibung des Wegs

Vom Bahnhof Monterosso aus geht der Weg 10 in westlicher Richtung längs der Strandpromenade. Die Wellen haben bei Südwind (Scirocco und Libeccio) die Tendenz, diesen Strand zu erodieren und den Sand anderswo abzulagern. In diesem Teil des Golfs (der früher viel größer war) konnte man früher eine regelrechte Sandvegetation beobachten. Die Nutzung der Badestrände hat für viele dieser Pflanzen hier wie auch anderswo in Ligurien ganz einfach zur Ausrottung geführt.

Von der Strandpromenade hat man einen schönen Blick auf den Mesco. Sein östlicher Hang wurde ebenfalls von einigen Erdrutschen betroffen. Diese Materialen sammeln sich in Trichtern, wo erosionsgefährdete Gesteine wie der Palombini-Ton an die Oberfläche treten.

Man kommt zum Fußballplatz von Fegina, wo im Sommer die Touristen ihre Autos parken. Nicht selten muß der Ball während

149

der Meisterschaftsspiele mittels eines Boots geborgen werden. Um den Ball aus dem Wasser zu holen, bindet man einen netzförmigen Sack an einen Stock.

Fegina ist nicht besonders interessant, seine Häuser stammen aus der Nachkriegszeit und sind zum Großteil Zweitwohnungen. Nach der an der linken Seite der Straße liegenden Villa Cavallo gelangt man zum «Gigante», einer großen, innen hohlen Neptunfigur aus Eisen und Beton. Sie ist ein Werk des Bildhauers Minerbi und des Ingenieurs Levacher und stammt aus dem Jahr 1910. In der Nähe erhebt sich die «Torre dei merli» auch «Turm des Giganten» genannt. Beim Anstieg geht man auf Gabbro, einem Intrusivgstein, das auch als Baumaterial verwendet wird. Er besteht aus weißen und grünen Kristallen in verschiedenen Dimensionen.

Der Weg geht im weiteren Verlauf steil auf einer Treppe aufwärts, rundum gedeiht Felsvegetation wie Flockenblumen, Strohblumen, die Meerkohlrübe, Bartnelken und einige Aleppokiefern, die auch in Felsspalten noch genügend Nährboden finden können.

Auf der linken Seite des Weges steht die Villa von E. Montale, wo dieser Dichter und Nobelpreisträger mehr als 20 Jahre lang seine Ferien verbrachte und zu manchem Gedicht inspiriert wurde.

Anschließend kommt man am kleinen Hafen vorbei, zwischen abrutschenden Hängen und steinigem Strand befindet sich hier die Kläranlage des Ortes. Der Kiefernwald ist ziemlich schütter, die Macchia ist aber desto üppiger mit rotem Wacholder, Myrte, Mastixbaum, immergrünem Kreuzdorn, Stechginster, Terebinthe, wildem Asparagus, Krapp, Sarsaparille und auch Thymian und *Euphorbia spinosa* an sonnigeren Stellen. In diesem ersten Abschnitt besteht das Substrat aus Serpentin, einem «schlangengrünen» Gestein (daher der Name, «Schlange» heißt im Italienischen «serpente»); er besteht aus großen, glattflächigen Blöcken, die mit Steatit überzogen sind, einem Mineral, das bei Berührung leicht fettig ist. Außerdem sind auch blättriges

weißes Pyroxen und helle Chrysotiladern in diesem Gestein enthalten. Geologisch gesehen ist dieser Ort besonders interessant, da hier auch Rodingit (der Name stammt vom Fluß Roding in Neuseeland) vertreten ist. Dieses Gestein bildet hellere Streifen von einigen Dezimetern und ist vom Serpentin durch eine dunkle Zwischenschicht getrennt, deren Farbe noch dunkler als der Serpentin ist.

Der Rodingit besteht aus großen blättrigen, hellgrünen oder braunen Pyroxenkristallen, die an der Oberflächer der Ader dunkel werden. Das Rodingitgestein bildete sich durch Konzentration von kalkhaltigen Strömungen längs einer Peridotitader. (So heißt das Gestein, das metamorphische Prozesse in Serpentin verwandelt haben).

Der Weg verläuft für eine kurze Strecke auf der asphaltierten Straße inmitten von Kulturen. Am gegenüberliegenden Hang gruppieren sich um alte Bauernhäuser Weinberge und Olivenhaine. Das Hotel Bellavista (von da an geht wieder eine Treppe weiter) und kleine umzäunte Villen zeigen den schnellen Wandel, den dieses Gebiet in den letzten Jahrzehnten erfahren hat.

Die Strecke bis Sant'Antonio del Mesco ist von da ab sehr homogen; Verwahrlosung und Brände haben überall ihre Spuren hinterlassen. Außerhalb der gepflegten Villen und ihrer Gärten und Rasen, den gepflasterten Wegen und Zäunen macht sich die Verwahrlosung breit. Die Diskrepanz zwischen privatem und öffentlichem Gut ist heute groß in diesem Territorium, wo man doch ein Jahrtausend lang das allgemeine Kulturgut mit großer Verantwortung gepflegt hat.

Unter den vom Feuer heimgesuchten Strandkiefern wächst die bekannte Macchia: Erika, junge Steineichen und Erdbeerbäume, deren Keimlinge in den Wurzelstöcken unter der Erde sogar das Feuer unbeschadet überleben können. Auf dem kargen Boden wachsen auch Brombeergestrüpp, Adlerfarn, Heidekraut, *Cistus foemina* und sogar die Strandkiefer. Der Weg, früher ein stabiler Treppenaufgang, ist jetzt in schlechtem Zustand und rutscht stellenweise, besonders nach Regenfällen, sogar ab. Geologisch gesehen befindet man sich jetzt auf dem Palombini-Ton, einer Schichtenfolge von grauem, ca.10cm breiten kalkhaltigem Sandstein und dunklen Zwischenschichten aus Ton.

Der Weg verläuft weiter auf dem Kamm bis Case Minà, dann links in einem Gebiet, das vom Feuer nicht so stark verwüstet wurde. Hier sieht man über die gesamten Cinque Terre. Von hier begleitet uns der Gottero-Sandstein bis ans Ende des Wegs.

Der Anstieg endet an einer Kreuzung; links nach etwa 200 Metern sind die Überreste der Kirche Sant'Antonio zu sehen, rechts gelangt man zur Markierung 1 (s. Beschreibung Soviore – Sant'Antonio, Weg. 1)

Weg 11. Campiglia (401m ü.d.M.) – Albana Mare (0m ü.d.M.)

Markierung: ■ 11 ■ ▭
Länge 1,5km; 1 Std.

Kurze Wegbeschreibung

Von der Piazza in Campiglia geht (von Manarola kommend) der Weg 11 über die Via Tramonti bergab in Richtung Albana und Persico.

Nach dem Restaurant La Lampara, wo man übrigens einen ausgezeichneten lokalen Wein kosten kann, geht es bergab durch Weinberge über eine Treppe, die zusehends steiler wird. Von ihr zweigen zahlreiche kleine Pfade ab, die zu vereinzelten Winzerhäuschen oder zu Häusergruppen führen (z.b. Chioso und Case Cimo, die architektonisch interessant sind). Je tiefer man steigt, desto weniger Terrassen werden bewirtschaftet und desto niedriger werden die Reben, zu deren Schutz auch die Trockenmauern erhöht werden. Der salzige Meerwind bildet eine Gefahr für die Reben.

Oberhalb des Persico (roter Pfeil) gabelt sich links leicht ansteigend die alte «Straße der Banditen», die in das Albana-Tal (Privatbesitz) führt. Vom Hügelkamm bietet sich ein herrliches Panorama auf die Steilküste des Muzzerone und die Inseln. Auf dem Persico angelangt geht man weiter bis zum Kamm «dell'Albana», um dann durch verlassene Kulturen und Macchia bis zum Meer herunterzusteigen. Von oben ist das Panorama überwältigend. Der kleine Strand gibt unter dem geologischen Gesichtspunkt die Möglichkeit, an der Küste ein interessantes Teilstück der Serie Toskana zu überblicken.

Weg 01: Valico La Croce (637m ü.d.M.) – Riomaggiore (84m ü.d.M.)

Markierung: ■ 01 ■ ▭
Länge 2,5km; 1.30 Std.

Kurze Wegbeschreibung

Der Weg 01 kommt aus Carpena, Casté und La Foce. Steiler Abstieg in einem Mischwald aus Edelkastanien und Zerreichen. Das Unterholz zeugt von einem Waldbrand, der weiter unten einen ganzen Kiefernwald vernichtet hat. Über den Buschwald hinweg sieht man westlich bis zum Mesco und – auf der gegenüberliegenden Seite – bis nach Montenero. Der Abstieg erfolgt über den Bergkamm und dann durch teilweise abgesackte Terrassenkulturen. Die Weinberge werden zahlreicher, je mehr man sich dem Ort Riomaggiore nähert. Nachdem man die Küstenstraße überquert hat, wird der Ort sichtbar; man steigt durch Gärten über eine Treppe bergab. Der Weg endet beim Castello, das im 15. und 16. Jh. zum Schutz vor den Sarazenen errichtet wurde. Gegenüber dem Fort steht das Oratorium der Hl. Rocco und Sebastian. Der Architrav des Portals trägt eine Inschrift mit dem Datum 1480.

Der Weg endet hier, aber hinter dem Castello gehen Treppen weiter in die Altstadt und ans Meer. Rechts ist die Abzweigung nach Manarola, das man über den alten Weg oder auf der neueren «Via dell'Amore» erreichen kann.

Weg 02: Manarola (70m ü.d.M.) – Monte Galera (705m ü.d.M.)

Markierung **02**
Höhenunterschied insgesamt 640m; Länge 3km; 1.30 – 2 Std.

Kurze Wegbeschreibung

Der gut markierte Weg beginnt bei der Kirche von Manarola, steigt mit verschiedener Bepflasterung an bis zu einer Häusergruppe auf ca. 150m ü.d.M., wo er die Markierung 6 verläßt und längs des Hügelkamms steil durch die Weinberge ansteigt. Der Blick geht auf eines der intensivst bewirtschafteten Täler der Cinque Terre.

Vom Weg aus blickt man auf Volastra in seinen Weingärten und Groppo, Sitz der Winzergenossenschaft.

Die Kulturen werden dann von einem Strandkieferwald abgelöst. Hier wurden die Terrassen noch bis zum 2. Weltkrieg bebaut. Man überquert die Straße der Wallfahrtsorte und kommt in ein Gebiet, das von einem verheerenden Waldbrand verwüstet wurde. Das bezeugt heute die Macchia, die vorwiegend aus Stechginster besteht. Durch Macchia und Mischwald (Kiefern, Zerreichen, Edelkastanien) steigt man den Hang Costa Galera bergauf. Rechts zweigt ein Weg in Richtung La Croce ab. Im weiteren Verlauf stößt man auf die von links kommende Markierung 6b.

153

153. Rundbrücke aus Stein in Manarola

Der Weg verläuft weiter bis zum Bergkamm, ca. 400m vom Monte Galera entfernt. Geradeaus führt die Markierung 02 nach Codeglia, Quaratica und San Benedetto, Endstation dieses Wegs.

Rechts geht der Weg 1 weiter bis Portovenere, links geht man in Richtung Levanto.

Ebenfalls in linker Richtung erreicht man nach wenigen hundert Metern den Menhir der Cinque Terre; ein eventueller kleiner Umweg zu diesem prähistorischen Zeugnis lohnt sich bestimmt!

Glossar

Aerosol
Feinste Verteilung schwebender fester oder flüssiger Stoffe in Gasen.

Ammonit
Weichtier mit spiralenförmiger Muschel aus dem Zeitalter des Mesozoikums

Areal
Geographischer Raum, innerhalb dessen eine Pflanzen – oder Tierart vertreten ist.

Autochton
Bodenständig.

Blütenscheide
Größeres Blatt, das einen Blütenstand umhüllt.

Bornit
Braunrotes, hartes, schweres und sprödes Mineral mit mattem Metallglanz.

Brachipoden
Armfüßer, deren Muschel sich mittels eines Stiels am Meeresboden festhält.

Brekzie
Kantiges Sedimentgestein (Durchmesser größer als 4mm) in einer Matrix von feinerem Gebirgsschutt (Sandstein oder Ton), die durch verschiedene Elemente (Kalzit, Kiesel) verkittet sind.

«Castellaro»
Frühgeschichtlicher, befestigter Burgbau aus der Zeit vor der römischen Herrschaft; später Ortsname.

Chalkopyrit
Eher seltenes Mineral, gelb bis messinggelb, oftmit schillernder Oberfläche, spröde, hart, schwer. Er ist eines der wichtigsten Kupfermineralien.

Chrysotil
Mineral aus der Gruppe der Serpentingesteine, faserige Struktur, olivengrün bis goldgelb. Die kompakten Bündel bilden Adern bis zu einer Dichte von 5-7cm.

Diabas
Massives vulkanisches Gestein von dunkler Farbe, oft in Verbindung mit Kupfererzen.

Diallag
Gehört zu den Pyroxenen. Hart, schwer, spröde, von hellgrüner Farbe.

Dolomit
Sedimentgestein, bestehend vorwiegend aus Dolomitmineral (MG C03).

Dolomitisierung
Verwandlungsprozeß von Kalkstein in Dolomit mittels der Umwandlung eines Teils der Kalziumione in Magnesium.

Effusivgesteine
Bildeten sich durch Erstarrung von Lavaströmungen.

Eiszeiten
Komplex der Phänomene in gewissen erdgeschichtlichen Zeitaltern, die durch Ausdehnung der Gletscherbildung gekennzeichnet sind.

Endemismus
Vorkommen von Pflanzen und Tieren in einem bestimmten, begrenzten Gebiet.

Falaisen
Vertikale, teils überhängende Steilküste, meist ohne Vegetation, unter dem direkten Einfluß der Erosion des Meeres.

Faltungen
Geologische Strukturen, die einer kontinuierlichen Verformung ausgesetzt wurden. Man unterscheidet stehende, liegende, überkippte Faltungen.

Flysch
Formation aus Schuttsedimenten bestehend aus Ton, Schiefer, Kalkstein, Sandstein, Brekzien, die sich am Meeresboden während der Phase der Gebirgsbildungen abgelagert haben.

Formation

Geologischer Zeitabschnitt: Folge von Gesteinsschichten, die sich in einem größeren erdgeschichtlichen Zeitraum gebildet haben. Wird vom Geologen während seiner Forschungsarbeit karthographisch festgelegt.

Garigue

Buschwald auf einem Boden mit niedrigem Prozentsatz an Steinen.

Geröllhalde

Am Fuße eines Abhangs oder einer Steilwand abgelagerte Steinmassen.

«Grüne» Steine

Allgemeine Bezeichnung für meist grünfarbige Gesteine, die den Meeresboden der neugeformten ozeanischen Becken bildeten. Darunter Serpentin, Gabbro und Diabas.

Gesteinsbrüche

Unterbrechungen, Diskontinuität in einer Gesteinsmasse.

Habitat

Standort einer bestimmten Tier-und Pflanzenart.

Halbstrauch

Kleine Pflanze mit holzigen Ästen; erneuert jährlich nur die obersten Zweigspitzen.

Hartlaubgewächse

Pflanzen mit zähen, ledrigen Blättern.

Humus

Oberflächlicher Bestandteil des Bodens, der durch Zersetzung organischer Substanz gebildet wird.

Intrusivgestein

Erstarrtes Magma innerhalb der Erdkruste in verschiedenen Tiefen.

Jaspis

Kryptokristallines Silicium (die Struktur der Kristalle ist nur durch Röntgenstrahlen feststellbar). Kompaktes, farbiges Mineral, bestehend aus Muscheln von Einzellern.

Jurazeitalter

Zweite Periode des Mesozoikums; Beginn vor 180 Mill. Jahren, Ende vor 135 Mill. Jahren.

Kalkhältig

Vorwiegend aus Kalziumkarbonat (CA C03) bestehend.

Kalkstein

Kalkhältiges Sedimentgestein.

Kalktonschiefer

Sedimentgestein mit Korngröße zwischen 1/256 und 1/16 mm; zu mehr als 50% kalkhältig.

Kiesel

Kleiner, durch Strömungen in Meer oder Flüssen abgeschliffener Stein; Durchmesser im Durchschnitt zwischen 4 und 256mm.

Kieselig

Reich an Silicium (SI 02)

Klima

Der für ein bestimmtes Gebiet typische Ablauf der Witterung.
- mediterranes Klima: trockene Sommer
- submediterranes Klima: ähnlich dem mediterranen Klima
- ozeanisches Klima: ohne Trockenperiode

Klimax

Ökologischer Idealzustand eines bestimmten Territoriums und seiner Vegetation.

Konglomerate

Sedimentgesteine aus rundgeschliffenen Kieseln (mehr als 4mm Durchmesser) in einer feineren Matrix (Sandstein oder Ton), die durch verschiedenartige Elemente verkittet sind (kalk — oder kieselhaltige Kittmasse u.a.).

Koprolith

Versteinertes Stück urweltlichen Kots.

Kreidezeit

Jüngste Periode des Mesozoikums. Sie begann vor 135 Mill. Jahren und endete vor ca. 65 Mill. Jahren.

Lamellibranchiaten

Im Meer lebende Weichtiere, im allgemeinen mit zweischaliger Muschel.

Lithophag

«Steinfressend». Der Ausdruck bezeichnet zweischalige Muscheltiere, die sich unter Abgabe von gesteinslösender Säure in Kalkgestein einbohren.

«Lumachella»
Sedimentgestein mit Resten von kalkhaltigen Muscheln.

Magmagestein
Gestein, bestehend aus erstarrtem Magma.

Malachit
Seltenes Mineral mit nadelförmigen Kristallen, smaragdgrün, schwer, spröde, halbhart, matt. Kupfererz.

Matrix/Muttergestein
Feinster Bestandteil der Sedimentgesteine. Diese enthalten gröbere Elemente (über 2mm).

Meerterrassen
Flache, terrassenartige Böden, bildeten den ehemaligen höher gelegenen Meerboden.

Menhir
Prähistorisches Zeugnis, senkrecht in den Boden gegrabener Stein. Aus dem Walisischen «maenhir», langer Stein.

Mergel
Karbonathältiges Sedimentgestein, bestehend aus 35% bis 65% Ton.

Mesophil
Tier – oder Pflanzenart oder Lebensraum, die einen mittleren Feuchtigkeitswert erfordern.

Metamorphisches Gestein
Gestein, das aus der Umwandlung (Verkristallisierung ohne Schmelzung) von Magma – oder Sedimentgestein unter Veränderung, d.h. Erhöhung von Druck und Temperatur entstanden ist.

Mikrokristallin
Gesteinsstruktur, deren Kristalle mit bloßem Auge nicht sichtbar sind.

Molluske
Weichtier, meistens bestehend aus Kopf, Fuß, Verdauungssack, Mantel und Muschelschale.

Morphologie
Studium der in Systemen organisierten Formen; auf dem Gebiet der physische Geographie deckt es sich mit dem Studium der Strukturen der äußeren Gestaltung der Erde.

Nagelfluh
Sedimentgestein mit Korngröße zwischen 1,15 und 2mm. Mehr als 50% der Zusammensetzung besteht aus Kalkstein. Auch Matrix und Bindemittel sind im allgemeinen kalkhaltig.

Paleozän
Erste Periode und System des Paläogens (Beginn des Tertiärs). Bezeichnet die Zeit vor 70-60 Millionen Jahren.

Pelit
Sedimentgestein, Korngröße unter 1/16mm.

Phtanit
Kieseliges, grobkörniges Sedimentgestein teilweise ton – oder kalkhältig.

Plagioklas
Diese Gesteine gehören zur Gruppe der Feldspate, sind oft hart, hell und leicht.

Pyroxene
Seltene, dunkelgrüne, braune oder schwarze Gesteine mit großen, harten, schweren Kristallen.

Quartär
Jüngste geologische Ära, begann vor 2 Mill. Jahren.

Quarz
Sehr hartes Mineral, häufiges Vorkommen, bestehend aus $SI O_2$

Rodingit
Metamorphisches Gestein, in den Farben rosa bis rot, hellgrün oder bräunlich.

Sandstein
Sediment aus Sandkörnern mit Durchmesser 2mm/50, klassifizierbar je nach Zusammensetzung. Die Matrix ist gewöhnlich aus Ton; Bindemittel sind Kalkspat oder Kiesel.

Schaft
Blätterloser Stiel (die Pflanze hat meist Grundblätter), an dessen Ende sich eine Blüte oder ein Blütenstand befinden.

Schiefer
Gestein mit blättriger Struktur

schieferartig/schiefrig
Charakteristische Struktur metamorphischer Gesteine, deren Minerale in fast parallel verlaufenden Schichten angeordnet sind.

Stadio (Maß)
Altes Längenmaß, ca. 185 Meter.

Steatit
Grau-grünes Mineral, sog. Speckstein, leicht fettig und weich, zeigt sich in kompakten Agglomeraten.

Strahlentierchen
Einzeller mit kieseliger Muschelschale.

Submediterran
Klimatische Bedingungen, die sich fast mit dem mediterranen Klima decken.

Submontan
Fast gebirgige Flora bzw. Vegetation.

Tektonisch
Die Tektonik betreffend, d.h. die Lehre vom Bau der Erdkruste und ihren inneren Bewegungen.

Tektonische Bewegungen
Bewegungen, die große Flächen der Erdkruste zu verändern vermögen.

Tertiär
Geologisches Zeitalter; Beginn vor 70 Mill. Jahren, Ende vor 2 Mill. Jahren.

Ton
Sedimentgestein, Korngröße unter 1/256 mm, große Quellbarkeit und Knetbarkeit.

Tongestein
Tonhaltiges, kompaktes oder blättriges Gestein, das aufgrund der Verkristallisierung vieler Minerale seine Knetbarkeit verloren hat.

Tonschiefer
Tonhältiger Schiefer

Trias
Erste Periode des Mesozoikums, vor 225 – 180 Mill. Jahren.

Trübungsströmungen
Feste Materialien, die von Strömungen getragen werden. Ihre Bildung geht auf Erdrutsche am Meeresboden zurück, sie verursachen neuerliche Sedimentationen auf dem Meeresgrund.

Überfaltung
Faltungen, die dem natürlichen Gefälle des Hanges folgen.

Verwerfung
Bruch, in dem sich eine Verschiebung von Gesteinsblöcken ereignet hat.

Wasserscheide
Scheidungslinie zwischen zwei Wassereinzugsgebieten.

Zeolith
Gruppe feldspatähnlicher Minerale, oft mit nadelförmiger oder blättriger Struktur, mit feinen, farblosen, weißen oder gelblichen Streifen, hart, leicht brüchig.

Bibliographie

AA.VV., *Bracco Mesco, Cinque Terre, Montemarcello*, Le Guide del Pettirosso, EMME E., Genova 1986.

G. GUIDANO-L. MAZZILLI, *Le Cinque Terre e la costa dal Tino a Moneglia*, Sagep, Genova 1987⁶.

AA.VV., *Liguria Guida Italia*, TCI, Milano 1982.

AA.VV., *Quindici parchi per la Liguria*, Studio Cartografico Italiano, Genova 1979.

F. ROCCHI, *Verde Azzurro 8ᵃ, 10ᵃ tappa*, Unioncamere ALG, ES Genova (s.d.).

E. BERNARDINI, *Liguria, itinerari archeologici*, Newton, Roma 1981.

E. BORGO-A. PALENZONA, *I nostri minerali*, Sagep, Genova 1986²; aggiornamento 1988.

S. BRUNO, *Serpenti d'Italia*, Giunti-Martello, Firenze 1984.

S. BRUNO, *Tartarughe e Sauri*, Giunti, Firenze 1979.

A. CASAVECCHIA-A. IZZO, *Tramonti. Cantine e vigneti tra le Cinque Terre e Portovenere*, Sagep, Genova 1988.

P. CEVINI, *La Spezia*, Sagep, Genova 1984.

L. CORTESOGNO-A. PALENZONA, *Le nostre rocce*, Sagep, Genova 1986.

G. DE MARIA, *Il mondo dei fiori*, Sagep, Genova 1988.

L. FENAROLI, *Flora mediterranea*, Giunti, Firenze 1974.

L. FENAROLI, *Gli alberi d'Italia*, Giunti, Firenze 1974.

GANDO, *Guida tascabile delle Cinque Terre*, AGIS, Genova (s.d.).

KOLHAUPT, *Flora mediterranea*, Athesia, Bolzano 1974.

G. MERIANA, *Santuari in Liguria*, Sagep, Genova 1987.

F. MEZZATESTA, *Uccelli d'Europa*, Mondadori, Milano 1984.

M. QUAINI, *La conoscenza del territorio ligure fra medio evo ed età moderna*, Sagep, Genova 1981.

S. RUFFO, *Farfalle d'Italia*, Giunti, Firenze 1984.

Selezione del Reader's Digest, *Guida pratica agli alberi ed arbusti d'Italia*, Milano 1984.

Selezione del Reader's Digest, *Guida pratica ai fiori spontanei in Italia*, Milano 1984.

G. SPINATO, *Guida dei sentieri delle Cinque Terre*, Studio Cartografico Italiano (s.d.).

F. TINÈ BERTOCCHI, *Roma e i Liguri*, Sagep, Genova 1986.

Ortsverzeichnis

Die fettgedruckten Ziffern beziehen sich auf die Wegbeschreibungen

Inhaltsverzeichnis

Finito di stampare nel mese di marzo 1992
nell'Officina Grafica della Sagep S.p.A.
Editrice *in* Genova